배드민턴 전술 교과서

MULCH ANGLE SENJUTSU ZUKAI BADMINTON NO TATAKAIKATA
by Hosemari Fujimoto

Copyright © Hosemari Fujimoto, 2018
All rights reserved.
Original Japanese edition published by BASEBALL MAGAZINE SHA CO.,LTD
Korean translation copyright © 2022 by BONUS Publishing Co.
This Korean edition published by arrangement with BASEBALL MAGAZINE SHA CO.,LTD
Tokyo, through Honnokizuna, Inc., Tokyo, and BC Agency

배드민턴 전술 교과서

BADMINTON VISUALIZED TACTICS

**단식과 복식의 전술, 상대 유형별 공략법,
기선을 제압하는 심리 기술**

후지모토 호세마리 지음 | 김기석 감수 | 이정미 옮김

보누스

코트를 지배하고 승리를 차지하자

'이기는 법'을 알고 싶은 사람을 위해

배드민턴은 초보자든 상급자든 누구나 즐길 수 있는 스포츠입니다. 초보자를 위해 배드민턴 치는 법을 설명하는 책은 수없이 많지만 기본적인 샷을 어느 정도 칠 수 있게 되고 나서 더욱 발전하고 싶을 때, 이거다 싶은 책을 찾기가 쉽지 않습니다.

이 책은 그런 책을 찾는 사람을 위해 실전에서 어떻게 밀고 당기기를 즐기며 시합에서 우위를 차지하고 승리를 이끌어낼지를 알려주는 그야말로 '이기고 싶은 사람'을 위한 책입니다.

기본 샷을 다양하게 응용하는 법

1장에서는 샷을 설명합니다. 기본적인 기술보다는 응용법을 위주로 소개합니다.

스매시 하나만 해도 여러 종류가 있습니다. 뛰어난 선수는 속도나 비거리, 치는 방법을 상황에 따라 바꿉니다. 이 책에서는 기본 샷을 변형해 칠 수 있는 응용법을 가능한 한 많이 소개하고 있습니다. 목적의식을 가지고 샷을 응용한다면 사용할 수 있는 전술의 폭도 넓어집니다.

3D 그래픽으로 전술을 소개

코트를 3D로 보여주며 전술을 소개합니다. 3D 그래픽을 이용해서 입체적으로 셔틀콕의 높이와 깊이를 표현했습니다. 또한 자신의 시점과 상대방의 시점 등 여러 각도에서 하나의 장면을 표현했기 때문에 핵심을 알기 쉽습니다.

단식과 복식의 전술을 소개하는 2장과 3장에서는 서비스와 서비스 리시브에서 사용하는 전술 등을 그림으로 해설합니다. 또 상황별로 대응하면 좋은 다양한 사례도 실었습니다. 4장에서는 시합 운용 방법 같은 시합에 대한 접근법을 소개합니다.

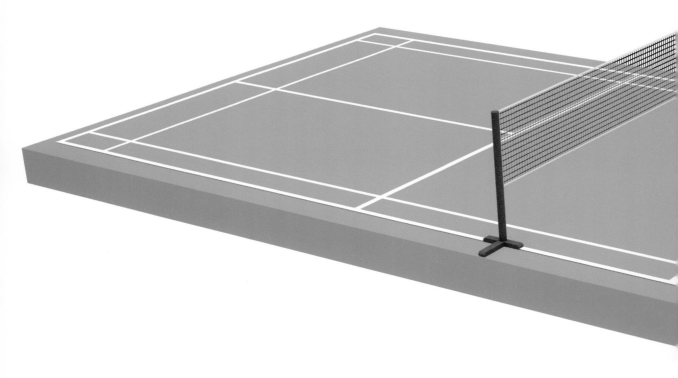

승리를 부르는 상황 대응 능력

주의할 점이 있습니다. 이 책에서 소개하는 전술은 어디까지나 시합에서 자주 보이는 패턴에 지나지 않습니다. 애초에 전술에는 이렇게 하면 반드시 잘 된다는 정석은 없습니다. 자신과 상대방의 실력, 시합 날의 컨디션, 체육관의 환경 등에 따라 상황은 조금씩 달라지므로 완전히 똑같은 조건에서 시합하는 일은 없기 때문입니다. 그때그때 상황에 맞춰 최선의 전술을 선택하는 것이 승리로 가는 길입니다.

처음에는 전술을 의식하고 적용하는 일이 쉽지 않습니다. 어떻게 해야 할지 잘 모르겠다면 우선 책에서 소개한 전술부터 하나씩 시도하는 것이 좋습니다. 실전에서 활용하다 보면 상황과 선수의 유형에 따라 어떤 전술이 효과가 있는지 차차 알게 될 것입니다. 여러 번 시도하다 보면 시합의 흐름을 읽는 능력을

얻고, 시합에 이기는 자기 자신의 패턴도 가질 수 있습니다. 그렇게 되면 배드민턴이 훨씬 더 재미있어지고 코트를 지배하고 승리를 차지하는 게 쉬워질 겁니다.

후지모토 호세마리

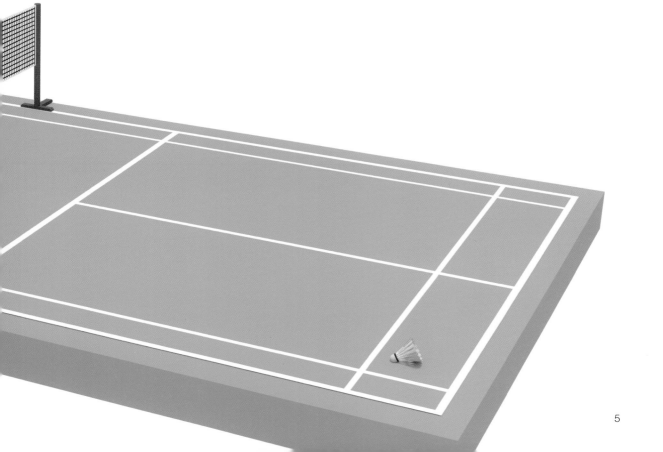

이 책의 활용법

이 책에서는 3D 그래픽을 사용해 배드민턴의 전술을 멀티 앵글(다각도) 그림으로 보여준다. 1장에서는 각 샷의 궤도와 목표를 소개한다. 샷의 특성과 상황에 따른 타법의 포인트를 자세히 설명한다.

2장에서는 단식, 3장에서는 복식의 전술을 해설한다. 2장과 3장은 전술의 기본과 실전에서 도움이 되는 실용 전술, 상대방에 맞춘 상황별 전술이라는 세 가지 구성으로 되어 있어 전술을 단계적으로 익힐 수 있다.

제목과 해설

습득할 전술의 내용을 한눈에 볼 수 있다. 해설을 읽으며 전술을 더 깊이 이해할 수 있다.

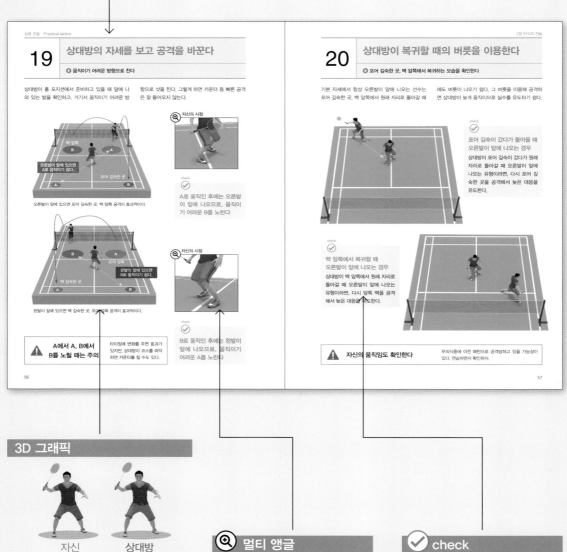

3D 그래픽

빨간색 인물은 주인공(자신), 파란색 인물은 상대방이다. 인물의 움직임은 주로 노란색 점선 화살표로 나타낸다.

멀티 앵글

특정한 상황을 잘라내, 그 장면을 다른 각도에서 본 그림을 삽입했다. 두 앵글에서 보면 상황이 더 명확해진다.

check

특별히 확인이 필요한 내용이나 시합에서 기억해야 할 내용을 소개한다. 전술 이해에 도움이 된다.

또 3D 그래픽에서는 인물을 빨간색과 파란색으로 나누어 표현했다. 빨간색은 주인공(자신), 파란색은 상대방이다. 움직임의 잔상, 다른 각도에서 본 모습을 넣어서 더 상상하기 쉽도록 했다. 그 외에 체크 항목과 주의할 점, 추가 요소 등 각 전술에 다양한 아이콘을 사용한 설명을 곁들였으므로 더 깊이 이해하는 데에 활용하기 바란다.

4장에서는 바람의 방향과 조명의 종류 등 코트에 대한 정보, 시합에 임할 때의 마음가짐 등 전략적인 내용을 소개한다. 끝부분에는 '게임 분석 시트' '선수 분석 시트'를 마련했다. 복사해서 활용하면 전술 이해의 향상과 실천에 도움이 될 것이다.

첫 페이지부터 순서대로 읽어 나가는 것이 좋지만, 항목별로 페이지를 구성했으므로 특별히 궁금하거나 관심이 가는 항목이 있다면 그 부분을 따로 습득해도 좋다. 자신의 수준에 맞추어 활용하기 바란다. 또 이 책은 오른손잡이를 전제로 썼기 때문에 왼손잡이 선수들은 유의해서 읽기 바란다.

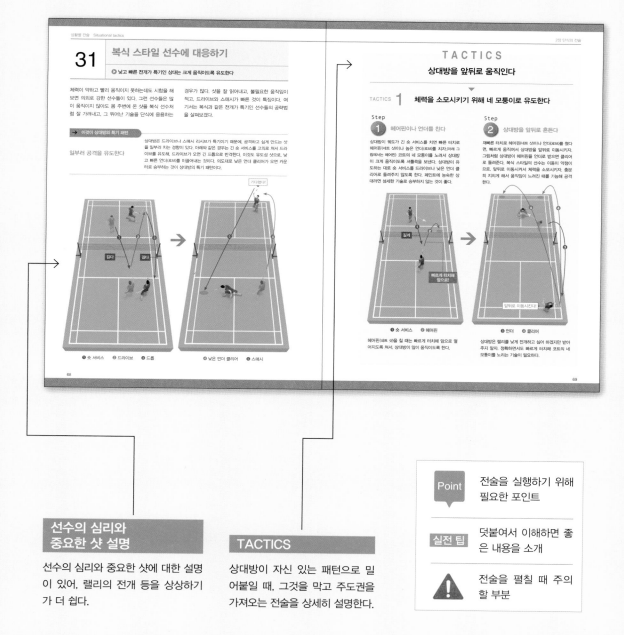

선수의 심리와 중요한 샷 설명

선수의 심리와 중요한 샷에 대한 설명이 있어, 랠리의 전개 등을 상상하기가 더 쉽다.

TACTICS

상대방이 자신 있는 패턴으로 밀어붙일 때, 그것을 막고 주도권을 가져오는 전술을 상세히 설명한다.

Point	전술을 실행하기 위해 필요한 포인트
실전 팁	덧붙여서 이해하면 좋은 내용을 소개
⚠	전술을 펼칠 때 주의할 부분

배드민턴 용어 설명

기본 용어

그립 Grip
라켓을 잡는 방법. 웨스턴 그립과 이스턴 그립으로 나뉜다.
웨스턴 그립은 라켓 면이 지면과 평행하도록 핸들을 잡고,
이스턴 그립은 라켓 헤드의 측면이 보이도록 핸들을 잡는다.

네트 플레이 Net play
네트와 가까운 거리에서 셔틀콕을 치는 것.

네트인 Net in
셔틀콕이 네트에 닿고 상대편 코트로 넘어간 경우.

단식 경기 Singles
1 대 1로 겨루는 경기. 단식.

랠리 Rally
서비스를 시작으로 한 번 이상 셔틀콕이 떨어질 때까지 하
는 스트로크.

레트 Let
심판이나 선수가(심판이 없는 경우) 경기 정지를 목적으로 하
는 선언. 예를 들어 리시버가 준비되기 전에 서버가 서비스
를 했을 때 '레트'가 선언되면 마지막 서비스는 적용하지 않
고 서비스를 한 선수가 다시 한 번 서비스를 한다.

롱 서비스 라인 Long service line
서비스 구역을 구획하는 선으로, 네트와 평행한 라인 중에서
네트와 먼 라인. 단식과 복식 라인으로 나뉜다.

리시브 Receive
서비스를 받아치는 것. 리턴이라고도 한다.

리시브 사이드 Receiving side
서비스를 받아치는 선수 편.

리턴 Return
날아온 셔틀콕을 받아치기.

매치 포인트 Match point
승패를 결정하는 마지막 1점.

백 바운더리 라인 Back boundary line
코트 뒤쪽의 네트와 평행한 경계선. 직사각형 코트의 짧은
쪽으로 엔드 라인과 같다. 단식의 롱 서비스 라인과도 같다.

보디 샷 Bodyshot
상대방의 몸쪽으로 셔틀콕을 보내는 것. 다른 말로 보디 어
택(Body attack)이라고 부른다.

보크 Balk
서브할 때 상대 선수를 속이려고 방향을 급하게 전환하는
동작이나 작전. 규칙 위반으로 서브권을 잃게 된다.

복식 경기 Doubles
2 대 2로 하는 경기. 복식.

사이드라인 Sideline
서비스 구역을 구획하는 선으로, 백 바운더리 라인과 수직인
라인. 직사각형 코트의 긴 쪽에 해당하며, 단식과 복식 모두
길이가 같다.

사이드 바이 사이드 Side by side
2명이 가로로 늘어서 양옆으로 서는 진의 형태.

서비스 라인 Service line
서비스 구역을 구획하는 선. 네트와 평행하며, 숏 서비스 라
인과 롱 서비스 라인으로 나뉜다.

서비스 코트 Service court
서비스를 넣을 때 머물러야 하는 구역.

서비스 사이드 Serving side
서비스를 할 수 있는 권한이 있는 선수 편.

숏 서비스 라인 Short service line
서비스 구역을 구획하는 선. 네트와 평행한 라인 중에서 네
트와 가까운 라인. 서비스 코트 앞쪽의 경계를 표시한다.

스윙 Swing
타구하기 위해 라켓을 휘두르며 몸을 움직이는 동작. 라켓

등을 움직이는 방향에 따라 포핸드 언더 스윙, 백핸드 언더 스윙, 포핸드 오버 스윙, 백핸드 오버 스윙으로 나뉜다.

스트레이트 Straight
셔틀콕이 사이드라인과 평행하게 일직선으로 날아가는 것.

스트로크 Stroke
선수가 라켓으로 셔틀콕을 치기 위해 하는 동작 또는 타구법.

스코어 Score
1게임당 21점을 선취한 편이 승리하며, 3게임을 원칙으로 2게임을 선취하는 선수 또는 팀이 최종 승리한다.

임팩트 Impact
라켓으로 셔틀콕을 맞히는 것.

코스 Course
셔틀콕이 날아가는 방향 또는 진로.

크로스 Cross
셔틀콕이 코트의 대각선으로 날아가는 것.

테이크 백 Take back
스윙을 하기 위해 라켓을 스윙의 반대 방향, 즉 뒤로 움직여 힘을 모으는 동작. 백 스윙과 같은 말로 팔로 스루와 상대되는 움직임이다.

톱 앤드 백 Top and back
2명이 세로로 늘어서 한 사람은 앞에, 한 사람은 뒤로 서는 진의 형태. 다른 말로 업 앤드 백(Up and back)이라고 한다.

팔로 스루 Follow through
타구 후에 팔의 움직임을 바로 멈추지 않고 셔틀콕을 따라가듯 스윙을 계속하는 것.

페인트 Feint
상대 선수를 속이려고 방향을 급하게 전환하는 동작이나 작전. 랠리 중에는 사용해도 되지만 서브할 때 사용하면 보

크(Balk)라는 규칙 위반이 된다.

포인트 Point
1점을 기준으로 하는 득점의 단위.

폴트 Fault
반칙. 서비스가 바르지 못하거나 선수가 고함을 지르는 등 규칙을 위반하는 경우에 주심이 폴트라고 부르고 실점한다.

프레임 샷 Frame shot
셔틀콕을 거트(줄) 이외의 틀 등으로 치는 것. 유효타로 인정되며, 다른 말로 우드 샷(Wood shot)이라고 부른다.

플라이트 Flight
셔틀콕이 날아가는 형태. 스트로크에 따라 달라진다.

핸들 Handle
라켓의 손잡이.

홀딩 Holding
라켓 면 위에 셔틀콕을 얹어 던지듯이 치는 것. 반칙에 해당한다.

타법

낮은 언더 클리어 Attack lob
셔틀콕을 낮고 빠르게 보내 상대방을 궁지에 몰아넣는 공격적인 로브.

드라이브 Drive
셔틀콕이 네트와 닿을 듯한 높이로 코트와 평행한 궤도를 그리는 빠르고 날카로운 타법.

드롭 Drop
타구하는 순간에 힘을 빼서 셔틀콕이 포물선을 그리며 네트와 가깝게 떨어지도록 하는 타법.

드리븐 클리어 Driven clear
높은 궤적이 특징인 클리어 기술을 보다 공격적으로 보내기 위한 드라이브 성격의 클리어. 드라이브(Drive)와 클리어(Clear)를 합쳐 드리븐 클리어 (Driven Clear)라고 부른다.

라운드 더 헤드 Round the head
백핸드 쪽으로 날아오는 셔틀콕을 포핸드로 대응하는 타법. 라운드 스윙이라고도 한다.

리버스 슬라이스 드롭 Reverse slice drop
슬라이스 드롭과 반대쪽으로 셔틀콕을 자르듯이 쳐내 역회전을 주는 타법.

백핸드 Backhand
잘 쓰는 손으로 라켓을 쥐었을 때 손등이 상대편을 향하는 타법. 오른손잡이의 경우 왼쪽에서 오른쪽으로 치는 것.

블록 Blocking
푸시 자세로 헤어핀을 치는 타법.

스매시 Smash
팔을 채찍처럼 휘둘러 높은 타점에서 셔틀콕을 날카롭게 쳐내는 공격적인 타법.

스핀 헤어핀 Spin net
셔틀콕에 스핀을 걸어 받아치는 고도의 헤어핀.

슬라이스 드롭 Slice drop
커트(Cut)라고도 말한다. 셔틀콕을 자르듯이 네트 너머로 날카롭게 쳐내는 타법.

슬라이스 스매시 Slice smash
슬라이스 드롭과 마찬가지로 라켓 면을 기울여서 치는 스매시.

언더 Under
네트 앞에서 언더핸드 스트로크로 받아쳐 상대 코트 후방으로 보내는 타법. 로브(Lob)라고도 불린다.

오버헤드 스트로크 Overhead stroke
머리 위에 있는 셔틀콕을 위에서 아래로 내려지는 타법.

와이퍼 샷 Wiper shot
자동차 와이퍼처럼 움직이며 셔틀콕의 코르크를 얇게 저미듯이 치는 고난도 기술.

점프 스매시 Jump smash
스매시에 점프력을 더해, 뛰어오르면서 강하게 내려치는 결정적인 타법. 배구의 스파이크 자세와 같다.

크로스 헤어핀 Cross net
네트 앞의 셔틀콕을 대각선으로 받아치는 페인트(상대를 속이는 기술)의 일종.

클리어 Clear
상대 코트의 백 바운더리 라인 가까이 보내는 기본 타법. 공격과 수비 모두에 쓸 수 있다.

포핸드 Forehand
잘 쓰는 손으로 라켓을 쥐었을 때 손바닥이 상대편을 향하는 타법. 오른손잡이의 경우 오른쪽에서 왼쪽으로 치는 것을 말한다.

푸시 Push
네트 앞으로 오는 셔틀콕을 바닥으로 강하게 때리는 타법.

하이 클리어 High clear
상대 코드의 백 바운더리 라인 가까이에 수직으로 떨어뜨리기 위해 높게 날려 보내는 타법. 불리한 상황에서 시간을 벌어 자세를 바로잡을 수 있다.

하이백 High back
백핸드 쪽으로 넘어오는 셔틀콕을 네트와 등지고 미리 위에서 받아치는 타법.

헤어핀 Hairpin
네트 앞으로 떨어지는 셔틀콕을 다시 상대방 네트 앞으로 부드럽게 받아치는 타법. 셔틀콕의 궤도가 U자형 머리핀과 같아 붙은 이름이다. 네트(Net)라고도 말한다.

차 례

1
샷을
활용하는 법

배드민턴 샷에는 여러 종류가 있다. 클리어 하나만 해도 하이 클리어, 드리븐 클리어처럼 여러 응용법이 있고, 상황에 따라 알맞게 선택해서 주고받는 것이 중요하다.

궤도의 높이와 셔틀콕의 속도 등 각 샷의 특징과 용도를 파악하자.

01 기본 샷

▶ 전술을 세울 때 필요한 샷의 종류

샷의 질을 높인다

샷을 어느 정도 칠 수 있게 되어도, 샷의 질을 높이지 않으면 뛰어난 선수에게 이길 수 없다. 이기기 위한 전술은 코스를 정확히 노리는 데에서 시작한다. 최고의 선수는 슬라이스 드롭(커트)과 클리어로 치는 타이밍에 변화를 주거나, 헤어핀(네트 샷)을 칠 때 스핀이나 회전을 건다. 또 스매시에서는 타점의 높이나 셔틀콕의 속도, 궤도의 길이를 바꾸는 등 같은 자세에 매번 변화를 주어 상대방의 허를 찌르거나 늦은 대응을 유도한다.

이처럼 샷의 질을 높여 나가면 상대방의 리듬을 흐트러뜨려 승리에 한발 더 다가갈 수 있다.

샷의 질을 높이기 위해 이제부터 소개할 '7가지 법칙'을 반드시 기억하기 바란다. 이 법칙을 실현하기 위해서는 상대방의 샷에 재빨리 반응해서 셔틀콕 밑에 확실히 들어가는 풋워크가 기본임을 잊지 말자.

▍7가지 법칙

게임을 연습할 때뿐 아니라 기초 타법을 연습하거나 자신보다 부족한 상대방과 연습할 때에도 필요한 항목이 있을 것이다. 그저 치기만 하는 것이 아니라 한 타 한 타를 의식하며 연습하자.

법칙 1	목표한 코스로 정확히 친다	우선 목표한 코스로 정확히 치는 것이 중요하다. 셔틀콕 아래에 들어가서 치면 코스를 노리기 쉽다.
법칙 2	샷의 속도에 변화를 준다	샷의 속도를 바꾸면 코스를 바꿀 수 있다. 또 속도를 늦추어 실수를 줄일 수도 있다.
법칙 3	코스의 각도에 변화를 준다	같은 힘으로 쳐도 각도를 바꾸면 코스를 바꿀 수 있다. 또 각도를 바꾸어 실수를 줄일 수 있는 샷도 있다.
법칙 4	치는 타이밍에 변화를 준다	셔틀콕을 치는 타이밍을 바꾸면 상대방이 늦게 대응하도록 유도할 수 있다.
법칙 5	같은 자세로 여러 샷을 친다	같은 자세로 다양한 샷을 치면 상대방이 나의 샷을 예측하기 어려워진다.
법칙 6	슬라이스 드롭을 친다	슬라이스 드롭으로 치면 같은 샷이라도 궤도가 조금 달라져 상대방의 리듬이 무너진다.
법칙 7	샷의 실수를 줄인다	선택의 여지가 적은 어려운 샷이라면 몰라도, 여유 있는 샷의 실수를 줄이는 일은 중요하다. 시합이 아닐 때에도 의식하자.

법칙 1 목표한 코스로 정확히 친다

▶ 코트 뒤쪽에서 오버헤드로 치는 샷

클리어
드롭
슬라이스 드롭
스매시

▶ 코트 앞쪽에서 언더핸드로 치는 샷

헤어핀
언더

▶ 코트 앞쪽에서 오버헤드로 치는 샷

블록
푸시

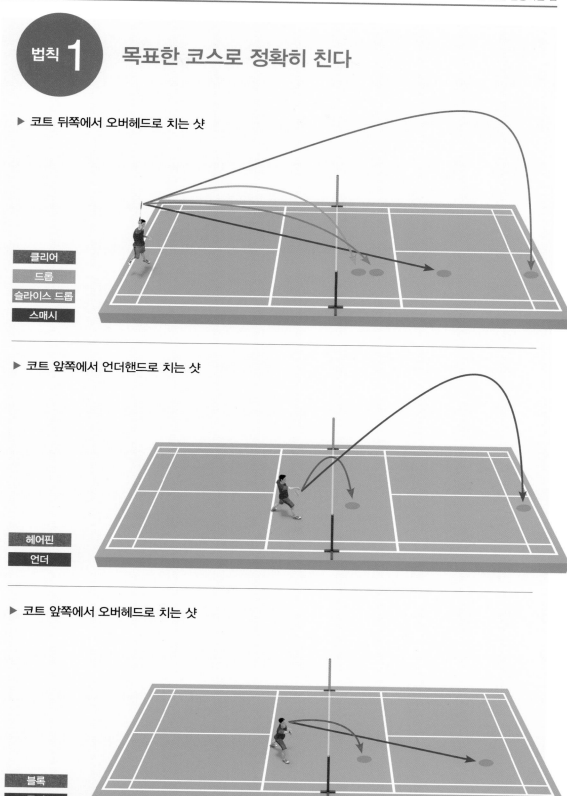

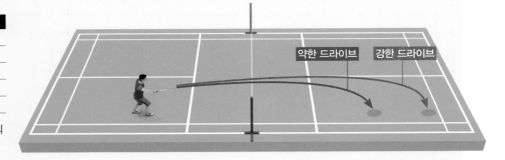

법칙 2

샷의 속도에 변화를 준다

주로 쓰는 샷

스매시
슬라이스 드롭
드롭
푸시
드라이브

그림은 드라이브의 예.

약한 드라이브 강한 드라이브

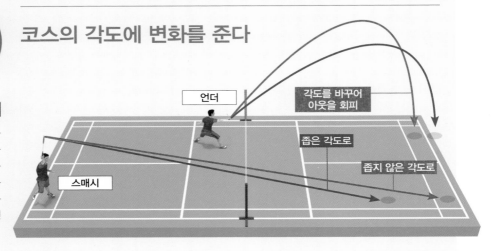

법칙 3

코스의 각도에 변화를 준다

주로 쓰는 샷

스매시
슬라이스 드롭
드롭
푸시
언더

그림은 스매시와 언더의 예.

언더

각도를 바꾸어 아웃을 회피

좁은 각도로

좁지 않은 각도로

스매시

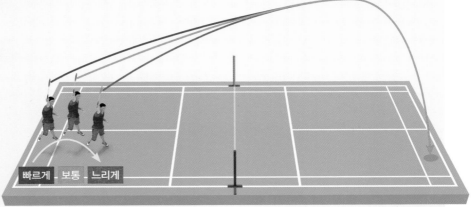

법칙 4

치는 타이밍에 변화를 준다

주로 쓰는 샷

클리어
스매시
슬라이스 드롭
드롭

그림은 클리어의 예.

빠르게 · 보통 · 느리게

법칙 5 같은 자세로 여러 샷을 친다

스매시처럼 보이는 자세로 여러 샷을 친다.

- 클리어
- 드롭
- 슬라이스 드롭
- 스매시

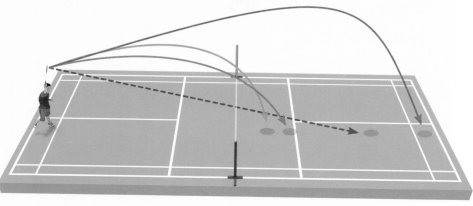

스트레이트 네트처럼 보이는 자세로 크로스 헤어핀을 친다.

- 크로스 헤어핀
- 스트레이트

법칙 6 슬라이스 드롭을 친다

주로 쓰는 샷
- 스매시
- 슬라이스 드롭
- 드라이브
- 푸시

그림은 스매시의 예.

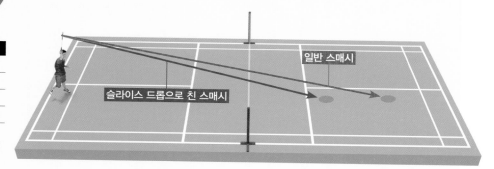

일반 스매시

슬라이스 드롭으로 친 스매시

법칙 7 샷의 실수를 줄인다

서비스, 서비스 리시브, 셔틀콕 아래에 확실히 들어가서 치는 오버헤드 샷이나 몸 주변으로 온 샷 등은 실수 없이 친다.

02 클리어의 종류

▶ 코트 깊숙이 돌려주는 배드민턴의 기본 샷

check

궤도

자신의 코트 뒤쪽에서 상대편 코트 뒤쪽까지 치는 샷은 세 종류다. 낙하지점은 모두 똑같지만 궤도가 다르기 때문에 사용하는 상황도 다르다.

▼

하이 클리어

상대방이 받아치지 못할 높이로 치도록 의식한다.

클리어

코너를 향해 확실히 치도록 연습한다.

드리븐 클리어

코트 깊숙이, 높은 곳에서 수직으로 떨어지도록 친다.

1 클리어

코트 깊숙이 치는 배드민턴의 가장 기본 샷. 포물선으로 날아가도록 친다. 활용하기에 따라 공격도 되고 수비도 된다.

실전에서 이렇게 활용!

상대방을 움직이게 만든다

단식과 복식 모두에서 상대방을 코트 깊숙이 보낼 때 사용한다.

▶ Point

- 코트 깊숙이 확실히 친다.
- 스트레이트와 크로스 모두 칠 수 있도록 한다.
- 비스듬히 서서 팔꿈치를 단숨에 올려 친다.

---

2 하이 클리어

가능한 한 높이 쳐서 코트 깊은 곳에 수직으로 떨어지도록 친다. 각도를 높여 비행 시간이 길게 쳐야 한다.

실전에서 이렇게 활용!

태세를 정비한다

수세에 몰렸을 때 하이 클리어로 태세를 정비한다. 깊숙이 확실하게 쳐서 상대방을 물러나게 한다.

▶ Point

- 단식 중심의 샷이다.
- 흐름을 바꾸고 싶을 때 이용한다.
- 라켓 면을 셔틀콕을 위로 보내는 각도로 친다.

---

3 드리븐 클리어

코트 깊숙한 곳으로 낮고 빠르게 치는 샷. 공격할 때 사용하며 상대방이 코트 중앙에서 뛰어도 닿지 않는 높이로 때린다.

실전에서 이렇게 활용!

상대방을 압박한다

셔틀콕이 코트 깊이 들어가도록 빠르게 쳐서, 상대방이 많이 이동하도록 만들어 중심을 무너뜨린다.

▶ Point

- 공격의 요소가 강하다.
- 상대방이 점프해도 닿지 않는 높이로 친다.
- 예상치 못한 타이밍에 치면 효과적이다.

03 드롭과 슬라이스 드롭의 종류

▶ 코트 뒤쪽에서 네트 앞으로 떨어뜨려 상대방을 앞으로 나오게 하는 샷

check

 궤도

자신 쪽 코트 뒤에서 상대방 쪽 네트 앞으로 떨어뜨리는 샷은 두 종류다. 네트에 더 가깝게 떨어지는 샷이 드롭, 조금 더 멀리 날아가는 샷이 슬라이스 드롭(커트)이다.

▼

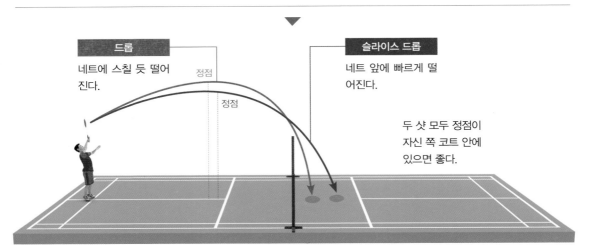

드롭

네트에 스칠 듯 떨어진다.

정점

정점

슬라이스 드롭

네트 앞에 빠르게 떨어진다.

두 샷 모두 정점이 자신 쪽 코트 안에 있으면 좋다.

check

 라켓 면

날아온 셔틀콕에 라켓 면을 정면으로 치는 것이 드롭. 슬라이스 드롭(커트)에는 두 종류가 있다. 코르크의 오른쪽(포핸드)을 슬라이스로 치는 것이 슬라이스 드롭, 백핸드를 슬라이스로 치는 것이 리버스 슬라이스 드롭이다.

▼

드롭

코르크가 라켓의 정면에 닿도록 한다.

슬라이스 드롭

코르크의 오른쪽을 슬라이스로 친다. 왼손잡이에게는 리버스 슬라이스 드롭이다.

리버스 슬라이스 드롭

코르크의 왼쪽을 슬라이스로 친다. 왼손잡이에게는 슬라이스 드롭이다.

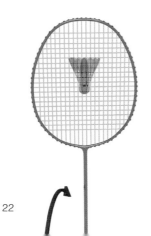

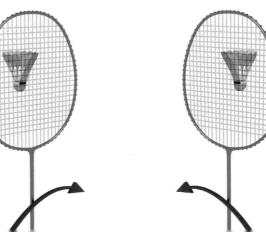

1 드롭

셔틀콕이 떠 있는 시간은 길지만 네트 앞으로 상대방을 나오게 할 수 있는 샷. 머리 위 어디서든 치기 쉽다.

실전에서 이렇게 활용!

스매시처럼 보이도록 친다

드롭은 스매시의 스윙과 비슷하기 때문에 강한 스매시처럼 보이게 하면서 드롭으로 앞쪽에 떨어뜨리는 페인트가 효과적이다.

▶ **Point**

- 헤어핀 자세에 가깝게 친다.
- 스매시 자세에서 치면 효과적이다.
- 자세가 나빠도 제구가 쉽다.

2 슬라이스 드롭(커트)

크게 슬라이스 드롭과 리버스 슬라이스 드롭으로 나뉘며, 모두 코르크에 슬라이스로 치는 샷. 드롭보다 빠르게 떨어뜨릴 수 있다.

실전에서 이렇게 활용!

상대방을 당황시킨다

치기 직전까지 클리어와 똑같은 자세로 슬라이스 드롭과 리버스 슬라이스 드롭을 치면 상대방의 수비 범위가 넓어져 당황시킬 수 있다. 무리한 자세로 치면 실수하기 쉬우므로 그럴 때는 드롭으로 전환한다.

▶ **Point**

- 드롭보다 빠르게 네트 앞에 떨어진다.
- 클리어처럼 보이면 효과적이다.
- 자세가 나쁘면 실수하기 쉽다.

슬라이스 드롭으로 칠 수 있는 코스

리버스 슬라이스 드롭으로 칠 수 있는 코스

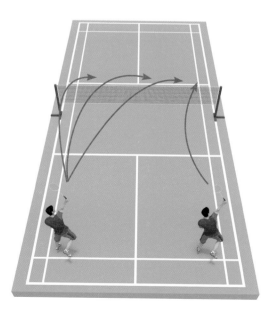

23

04 스매시의 종류

▶ 에이스를 노릴 수 있는 가장 파괴력 있는 샷

1 스매시

오버헤드로 셔틀콕을 플랫(라켓으로 셔틀콕을 정확히 맞힘)으로 대고 각도를 주며 친다. 힘껏 치거나 연결해서 치는 등 상황에 맞게 힘을 조절한다.

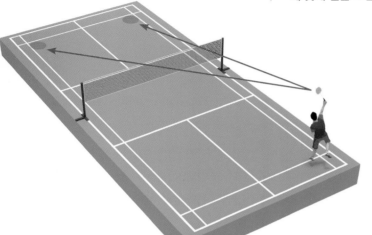

실전에서 이렇게 활용!

우위를 유지

스매시로 에이스를 노릴 뿐 아니라, 상대방이 자신에게 쉬운 샷을 주도록 유도하기도 한다.

▶ Point

- 각도를 주어 힘 있게 친다.
- 궤도가 길어지기 쉽다.

2 커트 스매시

라켓 면에 셔틀콕을 대는 방법이 스매시와 슬라이스 드롭(커트)의 중간 지점에 있고, 자세는 거의 같다. 기본 샷의 하나로서 배우자.

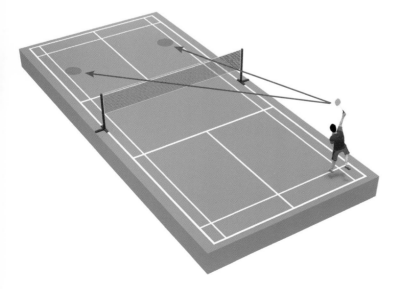

실전에서 이렇게 활용!

하프라인 앞쪽 노리기

상대방 코트의 하프라인부터 앞쪽까지를 노리기 좋다. 단식에서는 하프 사이드를 노린다. 복식에서는 상대방 바로 앞에 떨어지는 샷으로 이용한다.

▶ Point

- 스매시와 슬라이스 드롭(커트)의 중간으로 친다.
- 하프라인부터 앞쪽까지를 노릴 때 활용한다.

3 점프 스매시

셔틀콕 바로 밑에서 양발로 뛰어올라 치는 샷. 배구의 스파이크 자세를 떠올리면 이해하기 쉽다.

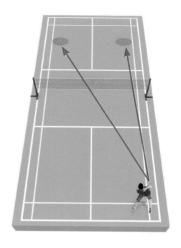

실전에서 이렇게 활용!

좁은 각도로 친다

좁은 각도로 치므로 리시브가 어려워진다.

▶ Point

- 셔틀콕 아래로 들어가 멈춘 후 양발로 뛰어올라 친다.
- 노릴 수 있는 범위가 넓다.

4 사이드 점프 스매시

사이드로 이동하며 셔틀콕에 한 발로 뛰어들어 치는 샷.

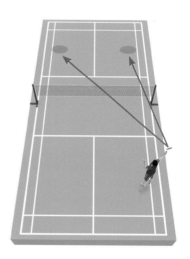

실전에서 이렇게 활용!

재빨리 반응한다

낮은 궤도의 셔틀콕에 빠르게 반응해 높은 타점에서 칠 수 있다.

▶ Point

- 사이드로 움직이며 한 발로 뛰어들어 셔틀콕을 친다.
- 친 뒤에는 재빨리 돌아간다.

5 움직임이 작은 스매시

상반신을 사용해 팔꿈치 앞부분을 작게 움직여 치는 샷. 푸시하는 듯 짧은 스윙을 하는 빠른 속도의 스매시.

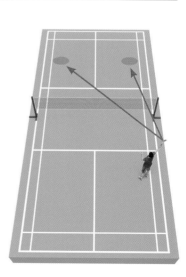

실전에서 이렇게 활용!

연속 공격한다

하프라인 앞쪽을 공략할 때 작은 움직임으로 연속 공격한다.

▶ Point

- 팔을 작게 휘두르므로 상대방이 파악하기 어렵다.
- 복식 전위가 연속 공격을 할 때 자주 사용한다.

05 언더(로브)의 종류

▶ 네트 앞에서 언더핸드로 상대방 뒤쪽을 향해 보내는 샷

check

궤도

네트 앞에서 상대편 코트 뒤쪽으로 치는 샷은 세 종류다. 클리어와 마찬가지로 낙하 지점은 같지만 궤도가 다르고 사용하는 상황도 다르다.

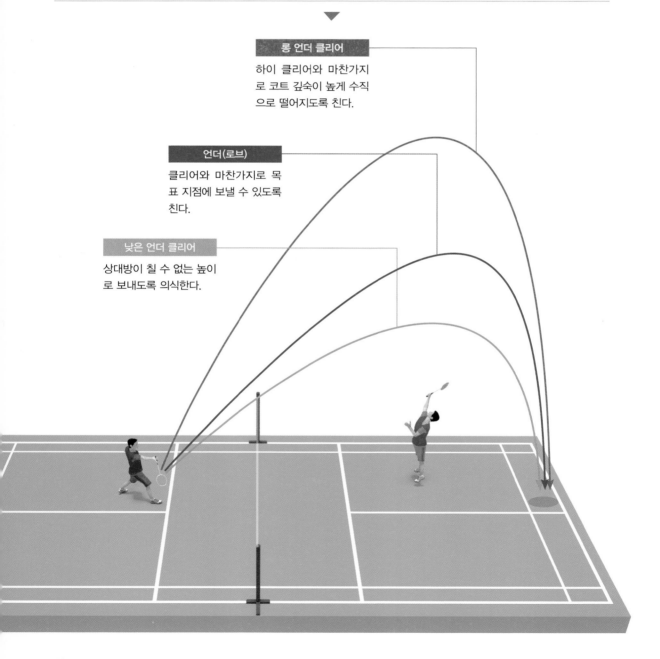

롱 언더 클리어

하이 클리어와 마찬가지로 코트 깊숙이 높게 수직으로 떨어지도록 친다.

언더(로브)

클리어와 마찬가지로 목표 지점에 보낼 수 있도록 친다.

낮은 언더 클리어

상대방이 칠 수 없는 높이로 보내도록 의식한다.

1 언더(로브)

네트 앞에서 언더핸드로 코트 깊숙이 높게 보내는 샷. 상대방의 움직임을 유도한다고 생각한다.

실전에서 이렇게 활용!

상대방의 자세를 무너뜨린다

상대방이 많이 움직이도록 해서, 좋은 자세로 샷을 칠 수 없도록 한다. 목표한 코스로 칠 수 있도록 연습하자.

▶ Point

- 상대방을 뒤쪽으로 보내는 샷이다.
- 코트 깊숙이 확실하게 보낸다.

---

2 롱 언더 클리어

까다로운 헤어핀(네트 샷)으로 공격당할 때 코트 깊숙이 높게, 확실히 돌려주는 샷.

실전에서 이렇게 활용!

불리한 흐름을 회복한다

네트 앞쪽으로 내몰린 상황에서 높은 언더(로브)로 시간을 벌고 태세를 가다듬는다. 랠리의 흐름을 바꾸고 싶을 때에도 이용할 수 있다.

▶ Point

- 치는 각도를 주의하며 높이 올린다.
- 랠리의 흐름을 바꾸는 효과도 있다.

---

3 낮은 언더 클리어

코트 깊숙이 낮고 빠르게 치는, 공격할 때 사용하는 샷. 상대방이 코트 중앙에서 뛰어도 닿지 않는 높이로 친다.

실전에서 이렇게 활용!

상대방을 압박한다

셔틀콕이 코트 깊이 들어가도록 빠르게 쳐서, 상대방이 많이 이동하도록 만들어 태세를 무너뜨린다.

▶ Point

- 상대방이 뛰어올라도 닿지 않는 높이로 친다.
- 예상치 못한 타이밍에 치면 효과적이다.

06 헤어핀(네트 샷)의 종류

▶ 네트 부근에서 상대편 네트 앞에 떨어뜨리는 샷

check

궤도

일반적으로 헤어핀(네트 샷)이라고 부르는 샷에는 드라이브 헤어핀, 스핀 없는 헤어핀, 긴 헤어핀, 이렇게 세 종류가 있다. 궤도의 차이를 이해하며 활용하자.

▼

1 드라이브 헤어핀

네트 테이프에 가능한 한 가깝게 날아가도록 네트 부근으로 치는 샷. 라켓이 닿을 때 셔틀콕을 회전시킨다.

실전에서 이렇게 활용!

높이 뜨는 샷을 유도한다

공격 상황을 만들기 위해 상대방의 샷을 유도하는 것이 큰 목적. 언더(로브)와 같은 자세로 치자.

▶ Point

- 셔틀콕의 궤도를 조절한다.
- 언더(로브)와 같은 자세로 친다.

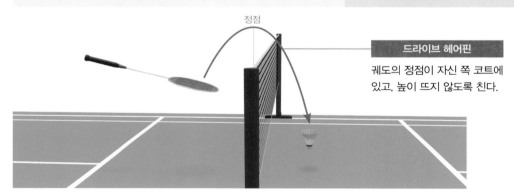

정점

드라이브 헤어핀
궤도의 정점이 자신 쪽 코트에 있고, 높이 뜨지 않도록 친다.

스핀 헤어핀은 드라이브 헤어핀의 응용

스핀 헤어핀은 드라이브 헤어핀에 더욱 스핀을 준 샷으로, 궤도는 드라이브 헤어핀과 비슷하다.

드라이브 헤어핀의 궤도.
셔틀콕이 회전한다.

스핀 헤어핀의 궤도.
셔틀콕이 스핀한다.

2 스핀 없는 헤어핀

셔틀콕을 회전시키지 않고 라켓 면에 수직이 되도록 쳐올리는 샷.

네트 앞으로 유인한다

앞쪽으로 가깝게 상대방을 끌어올 수 있다. 그 경우 상대방의 대응은 헤어핀이나 언더(로브)가 전부일 수밖에 없다.

▶ Point

- 태세를 정비할 시간을 벌 수 있다.
- 궤도의 정점이 네트 위에 오면 푸시 당하기 쉽다.

---

3 긴 헤어핀

네트 테이프에 가깝게, 상대방의 숏 서비스 라인 부근으로 치는 샷.

상대방의 네트 플레이를 봉쇄한다

헤어핀이 특기인 상대방에게 드라이브 헤어핀이나 스핀 없는 헤어핀을 치면 더 까다로운 헤어핀이 돌아오지만, 궤도를 길게 하면 상대방이 까다로운 헤어핀을 치기 어려워진다.

▶ Point

- 높이 뜨지 않게 조절한다.
- 치고 나서 상대방의 낮은 언더 클리어를 경계한다.

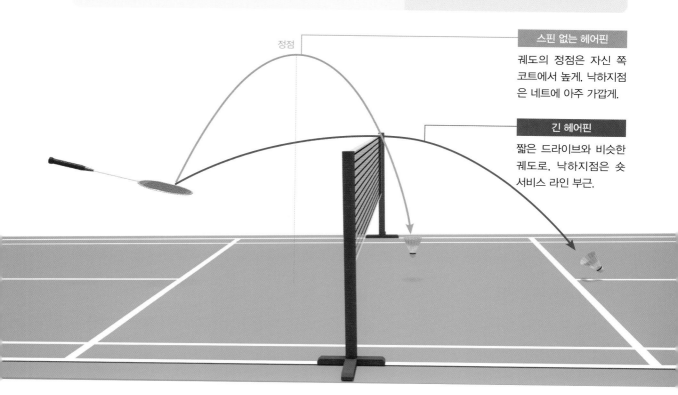

정점

스핀 없는 헤어핀
궤도의 정점은 자신 쪽 코트에서 높게, 낙하지점은 네트에 아주 가깝게.

긴 헤어핀
짧은 드라이브와 비슷한 궤도로, 낙하지점은 숏 서비스 라인 부근.

07 크로스 헤어핀의 종류

▶ 크로스 방향으로 헤어핀을 쳐서 상대방을 유도해 승부를 낸다

1 포핸드

스트레이트로 치는 헤어핀과 똑같은 자세에서, 치기 직전 크로스로 면을 바꾼다.

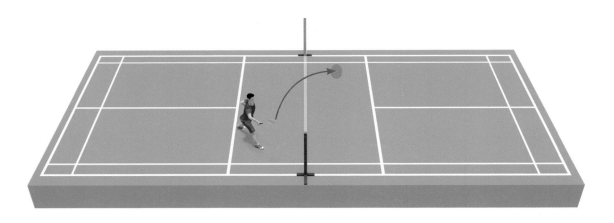

2 백핸드

포핸드와 마찬가지로 스트레이트로 치는 자세에서 치기 직전 크로스로 면을 바꾼다.

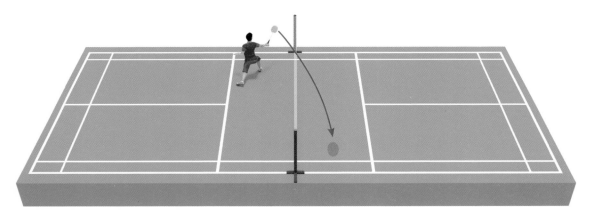

실전에서 이렇게 활용!

상대방을 유도해 승부를 낸다

스트레이트 헤어핀(네트 샷)처럼 보이면서 크로스로 치며 상대방의 움직임을 유도하거나 승부를 낸다. 공격과 연결에 모두 이용할 수 있다.

▶ Point

- 너무 세게 치면 아웃되기 쉽다.
- 네트 중앙을 통과시키듯 친다.

궤도

크로스 헤어핀을 칠 때 자신의 대각선상과 네트 옆 중 어디를 노릴 것인지, 궤도의 차이를 이해하고 나누어 치자.

1 대각선상을 노린다

셔틀콕이 네트의 한가운데를 지나도록 하며 대각선상을 노리면, 낮고 빠른 궤도로 칠 수 있다. 상대방을 압박하며 빈 곳을 향해 칠 때 이용하자.

▶ Point

- 코스보다 속도를 중시한다.
- 빈 곳으로 빠르게 친다.
- 타점이 높으면 노리기 쉽다.

2 네트 옆을 노린다

자신 쪽 코트에서 궤도가 정점을 이루도록 하며 어려운 코스를 노릴 수 있다. 상대방을 가능한 한 네트 앞쪽으로 유도하고 싶을 때 쓰자. 궤도가 낮으면 사이드 아웃 또는 네트 미스가 되기 쉬우므로 주의하자.

▶ Point

- 속도보다 코스를 중시한다.
- 궤도의 정점이 네트 위에 오면 푸시당하기 쉽다.
- 타점이 낮아도 노릴 수 있다.

08 푸시의 종류

▶ 네트 앞으로 올라온 셔틀콕을 위에서 쳐 내린다

check

 궤도

네트 앞으로 올라온 셔틀콕을 위에서 치는 푸시에는 확실하게 쳐 내리는 푸시와, 배구의 블로킹과 같이 누르면서 상대방의 앞에 떨어뜨리는 푸시(블록)의 두 종류가 있다.

블록

준비 자세에서 테이크백 하지 않고 막아내듯 친다.

푸시

셔틀콕을 확실하게 쳐 내린다. 리듬을 타며 연속해서 친다.

1 푸시

네트 위로 셔틀콕이 떠올랐을 때 상대편 코트로 밀어 내리듯 치는 샷.

실전에서 이렇게 활용!

연속 공격으로 승부, 실수를 유도한다

푸시는 한 번에 승부가 나지 않는 경우도 많으므로 연속해서 치는 게 중요하다. 연속해서 공격하면 상대방의 실수도 유도하기 쉽다.

▶ Point

- 상대방이 치자마자 준비 자세를 취한다.
- 한 번에 빠르게 치기보다 연속해서 칠 수 있는 힘을 기른다.

2 블록

상대방의 빠른 리시브나 드라이브를 네트 앞에서 막아내듯 받아치며 앞에 떨어뜨리는 샷.

실전에서 이렇게 활용!

상대방을 이동시켜 실수를 유도한다

상대방이 리시브를 잘하면 푸시가 쉽지 않으므로, 상대방을 움직이게 만들거나 랠리를 이어나가기 위해 이용하면 좋다. 낮은 리시브를 블록하거나 푸시를 섞으면 상대방의 실수를 유도하기 쉽다.

▶ Point

- 라켓을 준비 자세에서 테이크백하지 않고 셔틀콕을 막는다는 느낌으로 친다.
- 푸시도 가능한 높이에서 일부러 블록하면 더 효과적이다.

실전 팁

네트에 스칠 듯한 셔틀콕은 와이퍼 샷으로 친다

푸시로 치면 네트에 부딪칠 위험이 있는 경우, 라켓을 자동차 와이퍼처럼 움직여 '터치 더 네트'의 위험을 줄이는 와이퍼 샷이 효과적이다. 크로스로 치는 것처럼 보이면서 스트레이트로 치기 때문에 페인트의 효과도 있다.

09 리시브의 종류

▶ 공격당하는 상황을 역전시키기 위한 한 타

check

궤도

스매시와 드라이브, 푸시를 리시브할 때의 궤도는 숏 리시브, 드라이브, 롱 리시브, 이렇게 크게 세 가지로 나뉜다. 복식에서 잘 쓰는 샷이며 랠리 상황에 따라 나누어 친다.

▼

롱 리시브
언더(로브)에 가까운 궤도로 코트 깊숙이 확실하게 올린다.

드라이브
바닥과 평행하게 날카롭게 친다.

숏 리시브
스매시의 힘을 흡수해서 부드럽게 네트 앞으로 돌려준다.

1 숏 리시브

작은 스윙으로 힘을 흡수하며 네트 앞에 돌려주는 샷. 궤도의 정점이 자신 쪽 코트에 있으면 잘 공격당하지 않는다.

실전에서 이렇게 활용!

반격의 계기를 만든다

이상적인 궤도라면 상대편 전위 정면으로 쳐도 상대방이 띄우게 된다.

▶ **Point**

- 자신 쪽 코트에 궤도의 정점을 만든다.
- 하프라인 앞에서 치면 노리기 쉽다.

2 드라이브

네트 바로 위를 바닥과 평행하게 지나가도록 치는 샷. 백핸드와 포핸드 모두 칠 수 있다.

실전에서 이렇게 활용!

전위를 회피한다

복식에서는 상대편 전위에 막히지 않는 코스를 골라, 상대편이 셔틀콕을 띄우게 한다.

▶ **Point**

- 연속으로 칠 수 있도록 작게 스윙한다.
- 오른발을 디디는 타이밍에 친다.

3 롱 리시브

스매시 등 상대방의 공격을 언더(로브)에 가까운 궤도로 상대편 코트 깊숙이 돌려보내는 샷.

실전에서 이렇게 활용!

상대방을 좌우로 움직인다

상대방이 연속 스매시를 쳐도 크로스로 롱 리시브해서 좌우로 보내면 반격의 기회를 만들기 쉽다.

▶ **Point**

- 상대편 전위에 닿지 않는 높이로 친다.
- 크로스로도 돌려줄 수 있도록 친다.

실전 팁

백핸드로 사이드 리시브

단식과 복식 모두 백핸드로 사이드 리시브를 가까운 곳에서 칠 때는 왼발을 내딛는 경우가 많다. 왼발을 내딛으며 치는 일은 많지 않으므로 연습해 둘 필요가 있다.

10 포핸드 샷(불리한 상황)

▶ 압박당해 힘든 상황에서도 확실히 돌려준다

check

 궤도

포어 깊숙이 내몰려 타점이 눈높이보다 아래에 올 때의 대응을 확실히 익히자. 크게 나누면 클리어, 슬라이스 드롭(커트), 드라이브, 이렇게 세 종류가 있다. 불리한 상황이라도 잘 사용하면 좋다.

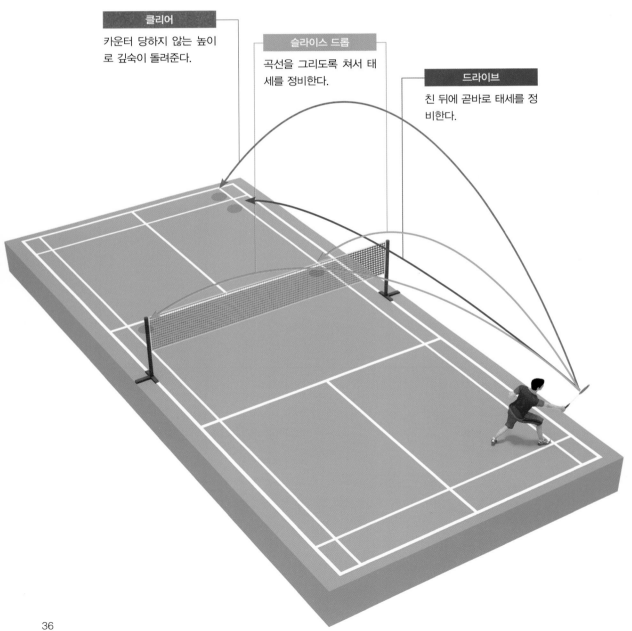

클리어
카운터 당하지 않는 높이로 깊숙이 돌려준다.

슬라이스 드롭
곡선을 그리도록 쳐서 태세를 정비한다.

드라이브
친 뒤에 곧바로 태세를 정비한다.

1 클리어

깊숙이 크게 돌려주는 샷. 타점이 낮으므로 힘 있게 쳐야 깊이 들어간다.

실전에서 이렇게 활용!

높이를 주의하며 깊숙이 돌려준다

압박당해 타점이 낮은 상황에서는 클리어를 치는 면의 각도 조정이 어렵다. 카운터 당하지 않을 높이로 깊숙이 돌려주자.

▶ **Point**

- 타점이 낮아도 확실히 칠 수 있는 자세를 취한다.
- 하프라인 앞에서 치면 노리기 쉽다.

2 슬라이스 드롭

네트 앞에 떨어뜨리는 샷. 타점이 낮으므로 백핸드 그립으로 치면 좋다.

실전에서 이렇게 활용!

태세를 정비한다

압박당하는 상황에서도 셔틀콕의 궤도를 곡선으로 만들어 태세를 정비할 시간을 번다. 같은 자세로 스트레이트와 크로스를 나누어 치자.

▶ **Point**

- 곡선 궤도를 만들어 태세를 정비한다.
- 같은 자세로 스트레이트와 크로스를 나누어 친다.

3 드라이브

네트 위를 바닥과 평행하게 날아가도록 강하게 치는 샷. 상대방의 반격도 빨라지므로 곧바로 태세를 정비할 필요가 있다.

실전에서 이렇게 활용!

실수를 유도한다

상대방의 머리 위 옆쪽을 스트레이트로 노리면, 오른손잡이인 상대방은 포핸드와 백핸드 사이에서 망설여 실수하기 쉬워진다.

▶ **Point**

- 상대방의 머리 위 옆쪽을 스트레이트로 노려 실수를 유도한다.
- 다음 샷을 빨리 준비한다.

실전 팁

포어 깊숙한 곳을 공격당하기 쉬운 이유

실력이 좋은 상대방은 백 뒤쪽보다 포어 뒤쪽을 더 많이 노린다. 백 뒤쪽은 몸을 비트는 등 전신을 이용해 이동하기 쉬운 반면, 포어 뒤쪽은 거의 하반신으로 이동하므로 다리 힘이 필요하기 때문이다.

11 | 백핸드 샷(불리한 상황)

▶ 하이 백과 라운드 더 헤드를 나누어 친다

1 하이 백

백 뒤쪽으로 온 셔틀콕을 상대방에게 등을 돌린 채 치는 샷. 기본적인 샷 중에서는 난이도가 높고, 상대편 코트를 보지 않고 치기 때문에 컨트롤이 아주 어렵다. 샷의 종류, 셔틀콕의 궤도는 뒤쪽에서 포핸드로 치는 샷과 거의 똑같다.

실전에서 이렇게 활용!

부드럽게 연결한다

어려운 샷이어서 자신이 없는 경우는 클리어나 슬라이스 드롭(커트)로 부드럽게 연결한다. 자신이 있는 경우는 스매시도 사용하자.

▶ Point

- 타점은 얼굴 옆 정도에 둔다.
- 상대방을 보지 않은 채 등을 돌리고 친다.
- 어려운 샷이므로 연습이 필요하다.

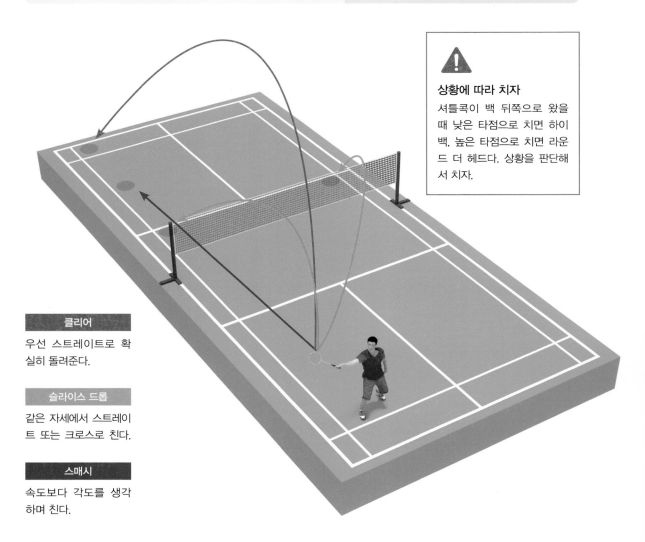

⚠️
상황에 따라 치자
셔틀콕이 백 뒤쪽으로 왔을 때 낮은 타점으로 치면 하이 백, 높은 타점으로 치면 라운드 더 헤드다. 상황을 판단해서 치자.

클리어
우선 스트레이트로 확실히 돌려준다.

슬라이스 드롭
같은 자세에서 스트레이트 또는 크로스로 친다.

스매시
속도보다 각도를 생각하며 친다.

2 라운드 더 헤드

백 뒤쪽으로 온 셔틀콕을 머리 위 왼쪽에서 받아치는 샷. 상급자가 되면 에이스 급의 다채로운 샷이 가능해진다. 상대방을 압박하기 위해 부주의하게 백 뒤쪽으로 치면 곧바로 반격당할 가능성이 있다.

실전에서 이렇게 활용!

클리어는 크로스로도 친다

압박당한 자세(상반신을 젖힌 상태)에서도 크로스 클리어를 확실하게 깊숙이 보낼 수 있으면 곧바로 반격의 기회가 생긴다.

실전에서 이렇게 활용!

슬라이스 드롭은 클리어처럼 보이도록 친다

압박당한 상태에서 슬라이스 드롭(커트)을 치면 상대방은 클리어라고 생각해서 속기 쉽다. 리버스 슬라이스 드롭도 효과적이다.

실전에서 이렇게 활용!

스매시는 크로스 하프 네트로 승부를 본다

상대방이 백 뒤쪽으로 언더(로브)를 칠 경우, 재빨리 낙하지점으로 이동해 크로스 하프를 치면 승부하기 쉽다.

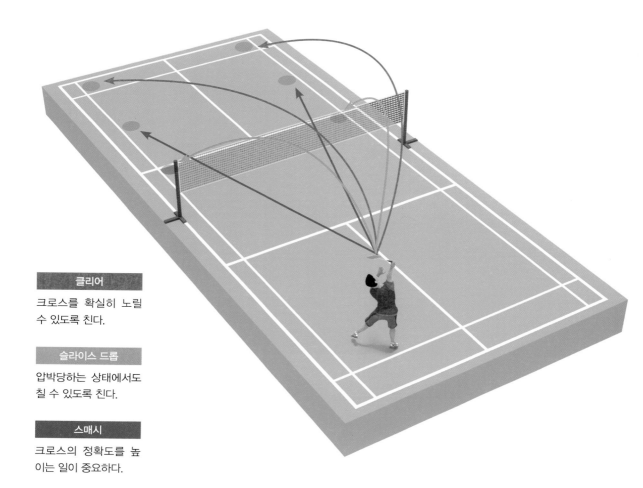

클리어

크로스를 확실히 노릴 수 있도록 친다.

슬라이스 드롭

압박당하는 상태에서도 칠 수 있도록 친다.

스매시

크로스의 정확도를 높이는 일이 중요하다.

12 하프 샷의 종류

▶ 기초 샷에는 없는 중요한 '연결 샷'

1 타점이 높을 때

네트보다 타점이 높은 경우 스매시나 드라이브 등 공격적인 샷을 치기 쉬우므로 연속 공격을 시도하는 형태가 이상적이다.

실전에서 이렇게 활용!

철저하게 연속 공격한다

상대방의 포지션을 확인하고 앞에 떨어뜨릴지 강타할지를 빠르게 판단하자. 연속 공격하는 상황을 그대로 유지한다.

▶ Point

- 상대편 두 명 사이로 쳐도 효과적이다.
- 상대방의 위치를 확인하고 공격 상황을 유지한다.

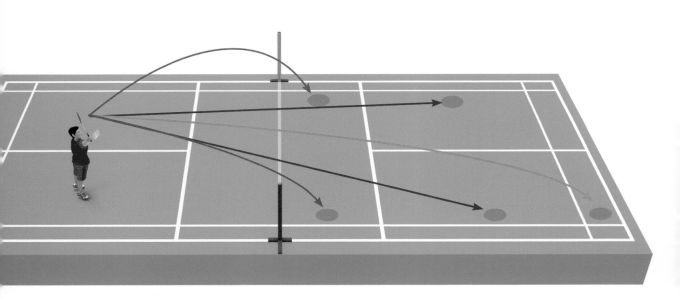

드롭·슬라이스 드롭	드라이브	스매시
빈 곳을 노려 떨어뜨린다.	받아치기 힘든 코스를 노린다. 상대편 두 사람 사이도 좋다.	셔틀콕을 낮게 보내도록 의식하며 연속 공격을 유지한다.

check

궤도

하프 샷이란 복식에서 상대편이 하프 코트 샷을 칠 경우 반격하는 샷이다. 네트보다 타점이 높으면 네트를 넘어 떨어지는 공격적인 샷을 치기 쉽지만, 네트보다 타점이 낮으면 상대편이 공격할 수 없도록 셔틀콕을 보내는 테크닉이 필요하다.

▼

2 타점이 낮을 때

네트보다 타점이 낮을 경우 언더(로브)나 헤어핀(네트 샷), 하프 샷 등 수비적인 샷이 많아지므로 코스의 정확도가 낮으면 반격당하기 쉽다.

실전에서 이렇게 활용!

상대방이 아래에서 받도록 유도한다

네트 앞을 노릴 경우는 곡선 궤도로 쳐서 상대편 전위가 아래에서 받는 코스를 만든다. 하프 뒤쪽을 노리는 경우는 전위에 막히지 않는 코스와 높이를 노려 정확히 침으로써 반격의 기회를 만들자.

▶ Point

- 네트 앞으로 칠 때는 곡선 궤도로 친다.
- 하프라인 뒤쪽은 코스와 높이를 주의한다.

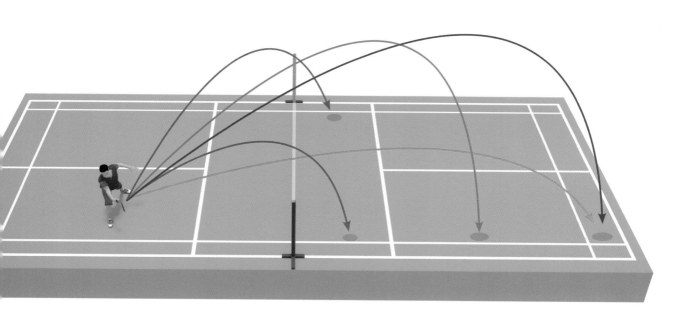

헤어핀	드라이브	하프 언더(로브)	언더(로브)
빈 곳을 노려 떨어뜨린다. 정확도가 중요하다.	세게 치지 않고 코스를 정확히 노린다.	코스와 높이를 주의하며 상대편의 전위와 후위 사이에 떨어뜨린다.	상대편의 전위를 지나 후위의 움직임을 유도하는 코스를 노린다.

2

단식의 전술

1 대 1로 싸우는 단식에서는 넓은 코트를 혼자 지켜야 한다. 단식의 전술을 세울 때는 상대방의 태세를 무너뜨리는 방법을 생각하는 것이 중요하다.

다양한 전술을 준비해서 상대방의 특징과 상황에 맞춰 적절히 활용하자.

13 단식의 사고방식

▶ 나를 알고 적을 알며 싸우는 정보전

승리의 3원칙

단식 전술을 세울 때는 우선 나를 알고, 상대방도 잘 알아야 한다. 당연한 이야기지만 단식에서는 혼자서 코트를 지켜야 한다. 복식에서는 내가 놓친 샷을 파트너가 수습해주지만 단식에서는 내가 받아내야만 한다.

나는 무엇을 잘하고 상대방에게는 무엇이 통할지 찾아내야 승리의 기회를 붙잡을 수 있다. 나와 상대

방의 역량을 비교해서 무엇이 효과적일지, 무엇을 조심해야 할지 찾아내어 전술을 세울 필요가 있다. 마지막 순간에 어떻게 이기느냐 생각하는 것도 경험에 큰 영향을 받는 부분이다. 이러한 점을 고려하면 이기기 위한 원칙으로 다음과 같은 3원칙을 도출할 수 있다.

제1원칙 자신의 컨디션을 분석하자

시합에 임하기 전에 나는 어떤 플레이를 잘하고 못하는지 알아야 한다. 기본적으로는 잘하는 플레이로 승리를 노리는 것이 좋다. 그러나 모든 상황에서 상대방보다 우세할 수는 없다. 공격력에서는 앞서도 지구력이 떨어지는 것처럼 부분적인 열세가 있다. 자신 있는 방법으로 플레이할 수 없는 때도 있다.

샷을 치는 감각과 컨디션도 날마다 다르고, 시합을 오래 끌면 피로가 쌓여 실수가 늘기도 한다. 실수가 잦아진 걸 깨달으면 라인 안쪽을 아슬아슬하게 노리는 것이 아니라 단순히 코트 깊숙이 넣는 등 미세하게 조정하는 것도 전술이다.

다시 말해 어떤 작전을 선택할지 생각한 시점에서 자신의 특성과 함께 컨디션도 정확히 파악해야 한다는 뜻이다. 컨디션은 서서히 달라지므로, 실수 없이 상대편 코트로 셔틀콕을 받아치기 위해서는 그때그때 자신에게 맞는 샷을 선택해야 한다. 시합 전에는 자신의 몸 상태를 제대로 확인하고, 몸을 풀 때는 슬라이스 드롭(커트)이나 언더(로브) 등 섬세함이 필요

한 샷의 감각을 확인하며 컨디션을 파악하는 것이 좋다. 자신이 원래 가지고 있는 특성과 그날의 컨디션을 고려해서 자신의 플레이를 결정하자.

■ 제1원칙의 검토 항목

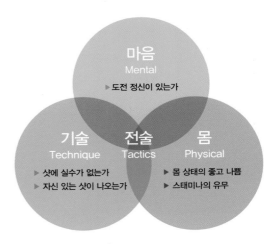

제2원칙 　상대방의 컨디션을 분석하자

자신에 대한 분석이 끝나면 다음으로 상대방도 분석하자. 우선 시합 전에 상대방의 플레이를 확인하거나, 상대방과 시합해본 적이 있는 사람에게 어떤 샷이 좋았는지 물어보자. 또 쉽게 포기하는지, 아니면 끈기가 있는지, 성격도 알아두면 좋다.

　이처럼 사전에 정보를 수집해두면 상대방의 특기를 봉쇄하고 약점을 공략하는 전술을 일찍 세울 수 있다. 상대방이 특기인 샷을 쳐도 당황하지 않을 수 있다.

　다만 실제 시합에서는 사전에 얻은 정보와 오차가 있을 수 있다. 나의 컨디션이 매일 다르듯 상대방의 컨디션도 매일 다르다. 중요한 것은 실전에서 얻는 정보다. 실전에서 더 효과적인 전술로 바꿔 나가는 것이다.

제3원칙 　승부가 걸렸을 때 흐름을 가져온다

이상적인 시합 전개라면 우선 1게임 후반까지 상대방의 플레이 스타일, 잘 치는 샷, 못 치는 샷, 서툰 움직임 등 가능한 한 많은 정보를 수집한다. 그리고 1게임이 끝날 때 풋워크의 속도를 높여 선제점을 얻고, 2게임에서는 1게임에서 얻은 정보를 조합하며 리드해 승리하는 것이 최고의 시나리오다.

　그러나 상대방이 뛰어난 선수일 경우, 상대방도 내 정보를 수집하기 때문에 경기가 생각대로 흘러가지 않고 마지막까지 엎치락뒤치락하는 일도 많다. 그런

상황에서 쓰기 위해서 자신 있는 샷이나 전개는 승부가 갈리는 시점까지 아껴두었다가, 점수가 필요한 때에 사용해서 흐름을 가져오자.

　뛰어난 선수들은 이러한 마지막의 밀고 당기기나 시합 운용이 아주 훌륭하다. 아슬아슬한 상황을 수없이 경험했기에 어떤 상황이든 무엇을 해야 할지 침착하게 판단할 수 있는 것이다. 나 자신과 상대방의 분석, 그리고 마지막 순간의 시합 운용을 배우는 것이 단식 시합을 잘 하는 지름길이다.

■ 상대방과 나의 컨디션 파악을 위한 흐름도

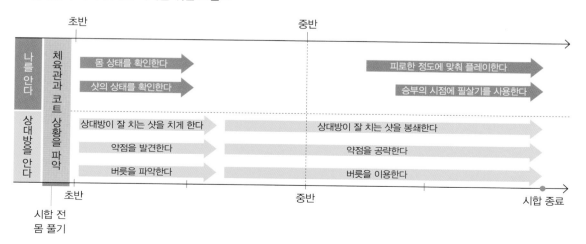

14 | 코트에 서는 위치

▶ 상황에 맞춰 더 유리한 위치에 선다

1 서비스

숏 서비스라면 숏 서비스 라인의 약간 뒤, 롱 서비스라면 그보다 더 뒤에 서는 게 기본이다.

기본적으로 센터를 노린다.

깊숙이 확실하게 친다.

숏 서비스를 넣는 경우
(왼쪽 그림)

남자에게 많은 패턴. 서비스 후 상대방이 빨리 받아치므로 코트 중앙으로 곧바로 이동할 수 있는 위치가 좋다.

롱 서비스를 넣는 경우

여자에게 많은 패턴. 서비스 후 상대방이 받아칠 때까지 여유가 있으므로 서비스를 넣기 쉬운 위치가 좋다.

2 서비스 리시브

상대방이 롱과 숏 중 어떤 서비스를 더 많이 하는지에 따라 나의 위치를 바꾼다.

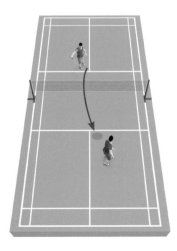

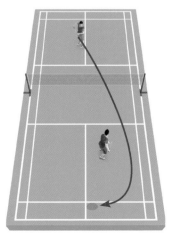

상대방이 숏 서비스를 넣는 경우(왼쪽 그림)

하프라인 부근의 센터 쪽에 선다. 후반에 상대방이 드리븐 서비스를 넣을 것 같다면 조금 뒤에 서자.

상대방이 롱 서비스를 넣는 경우

숏 서비스의 경우보다 조금 뒤에 선다. 상대방의 자세가 숏 서비스라면 서는 위치도 거기에 맞춰 조금 앞으로 바꾼다.

3 랠리

랠리 중에 자신이 친 뒤 홈 포지션의 위치는 상대방이 치는 위치와 샷을 보고 결정한다. 가로축은 상대방이 치는 위치 쪽이고, 세로축은 상대방이 치는 샷에 따라 달라진다.

스매시를 경계

헤어핀과 언더를 경계

상대방이 네트보다 위에서 칠 경우 (왼쪽 그림)

스매시나 드라이브 등 빠른 샷에 대비해 양발을 옆으로 펼친다. 위치는 상대방과 마주보며 중앙보다 조금 뒤에 선다.

상대방이 네트보다 아래에서 칠 경우

상대방의 샷은 네트 앞이나 코트 뒤쪽으로만 오므로 기본적으로 주로 사용하는 발(오른발)을 앞에 둔다. 서는 위치는 센터 부근이다.

스트레이트 드라이브를 경계

헤어핀을 경계

포어 깊숙이 몰아붙인 경우 (왼쪽 그림)

스트레이트 드라이브를 경계하며 클리어나 드라이브에 곧바로 대응할 수 있도록 준비한다. 서는 위치는 센터보다 상대방 쪽이다.

네트 앞으로 몰아붙인 경우

상대방을 앞으로 끌어낸 경우, 더욱 까다로운 헤어핀(네트 샷)을 경계하며 서는 위치를 네트 앞으로 옮긴다. 크로스 헤어핀에도 대응하자.

15 포핸드 서비스로 흐름을 주도한다

▶ 선택하는 서비스에 따라 랠리의 내용이 결정된다

1 롱 서비스

상대편 코트 깊숙이 높게 치고 수직으로 떨어뜨리는 서비스. 강력한 스매시를 무기로 삼는 상대방에게는 적합하지 않다.

**스매시를 유도하는
전술도 쓴다**

리시브에 자신이 있다면 상대방의 스매시를 유도하는 서비스를 해서 리시브로 카운터를 노릴 수도 있다.

**서는 위치를 통해서
거리 조정을 한다**

백 아웃되는 경우에는 힘이 아니라 서는 위치를 조정해서 컨트롤한다.

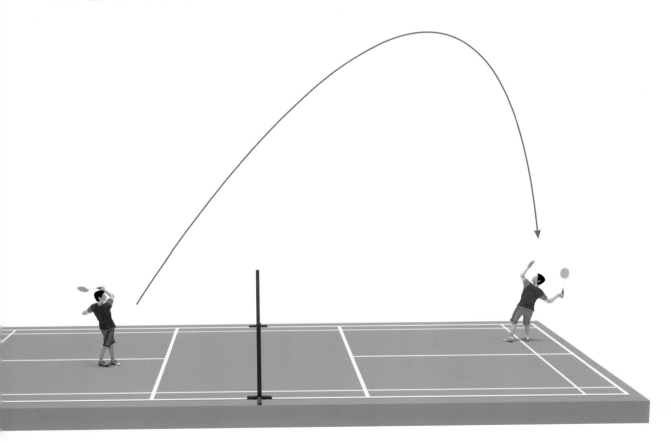

2 숏 서비스

상대방의 숏 서비스 라인 부근으로 치는 서비스. 드리븐 서비스와 똑같은 자세로 친다.

뒤에서 본 시점

▲ 옆에서 치면 잘 뜨지 않는다.

Point

높이 뜨지 않도록 친다

롱 서비스처럼 아래에서 치는 것이 아니라 셔틀콕을 옆으로 떨어뜨려 옆에서 치면 네트 위로 높이 뜨지 않는다.

3 드리븐 서비스

상대편 코트 깊숙이, 조금 낮은 궤도로 쳐서 상대방이 뛰어가서 받도록 하는 서비스. 숏 서비스 자세에서 흐름을 바꿀 때 쓰는 경우가 많다.

Point

닿지 않는 높이로 친다

상대방이 서 있는 위치에서 점프해서 손을 뻗어도 닿지 않는 높이의 궤도로 코트 깊숙한 곳을 노리면 좋다. 궤도가 낮으면 카운터를 당하고 만다.

Point

점수가 필요할 때 쓴다

중반을 넘어 치열한 상황에서 흐름을 바꾸고 싶을 때 쓰면 좋다. 숏 서비스와 같은 자세로 친다.

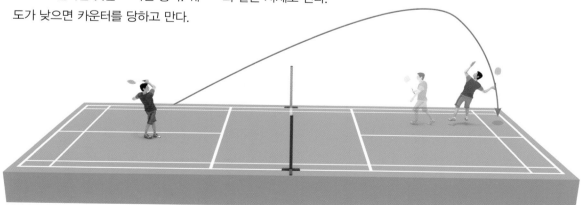

16 백핸드 서비스로 흐름을 주도한다

▶ 숏 서비스의 주류는 백핸드

1 숏 서비스

상대방의 숏 서비스 라인으로 치는 샷. 단식의 경우는 복식만큼 아슬아슬하게 네트 부근을 노리지 않아도 괜찮다.

기본은 센터 쪽으로 치기

센터로 치면 상대방이 좌우 중 어느 쪽으로 받아치더라도 홈 포지션과의 거리가 같기 때문에 돌려주기 쉽다는 이점이 있다.

옆에서 본 모습

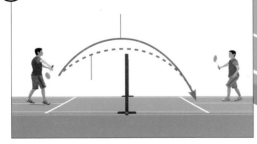

▲ 리시버까지 거리가 있는 단식에서는 서비스가 다소 높아도 괜찮다.

실전 팁

남자는 숏 서비스가 주류다?!

백핸드는 치는 타이밍을 상대방이 알기 어렵지만, 반드시 백핸드를 고집할 필요는 없다. 남자는 숏 서비스가 주류라고 하지만 강타하지 않는 상대에게는 확실한 롱 서비스가 더 효과적이다.

2 롱 서비스

드리븐 서비스에 가까운 궤도의 샷. 작은 동작으로 강하게
칠 필요가 있고, 궤도가 낮아지면 카운터를 맞기 쉽다.

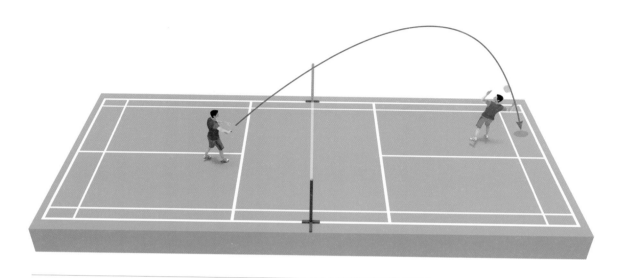

3 긴 숏 서비스

숏 서비스보다 궤도가 조금 긴 서비스. 숏 서비스에 익숙
한 상대방이 아래에서 치려고 할 때, 주로 쓰는 쪽의 어깨
근처로 빠른 샷이 오면 치기 어려우므로 실수를 유도할
수 있다.

다양한 타이밍에 이용

숏 서비스의 사이사이에 쳐서 상대방을 당황시키는 것도 좋다. 의도적으로
몇 번이고 써서 드라이브를 유도해 낮게 전개하는 것도 좋다.

 서비스 실수는 금물

서비스에서 실수하면 게임의 흐름이 금방 불리해져서 그
후로도 계속 실수하게 되는 경우가 많다. 특히 후반에 경
기가 치열할 때 서비스 실수는 반드시 피하자.

17 서비스 리시브로 흐름을 주도한다

▶ 유리한 상황을 유지한다

1 롱 서비스의 대응

우선은 한 타로 승부하려 하지 말고, 실수하지 않으면서 랠리하는 것이 좋다. 상대방의 경기 방식을 확인한다는 생각으로 치자.

어려운 코스는 노리지 않는다
랠리를 이어 나가는 일을 우선시한다. 굳이 코너를 노리기보다 다소 안쪽 코스를 노리는 것이 좋다.

상대방의 정보를 파악한다
초반에는 큰 샷으로 랠리하면서 상대방이 잘 치는 샷과 못 치는 샷을 파악하자. 자신이 실수를 해버리면 정보를 얻을 수 없다.

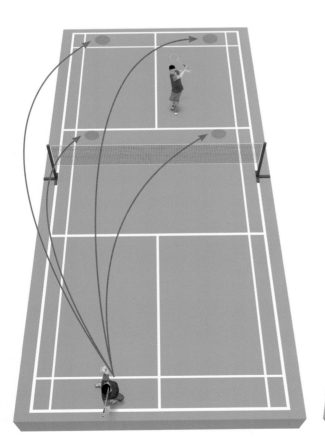

코트 왼쪽에서 받아치기

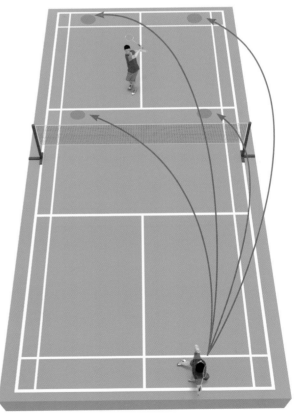

코트 오른쪽에서 받아치기

2 숏 서비스 받아치기

롱 서비스와 마찬가지로 우선 실수 없이 돌려준다. 주로 네 군데에서 받아치므로 각각의 포인트를 확인해서 상황에 맞게 이용하자.

A, B, C를 조합해 친다

페인트를 섞어서 A, B, C로 셔틀콕을 보내면 상대방이 잘 예측하지 못한다. 계속 같은 곳으로 보내지 않는다.

D는 실수하기 쉬우므로 주의!

D는 컨트롤이 다소 어려우므로, 혹시 초반에 실수했다면 후반의 치열한 상황 등에서는 쓰지 않는 것이 현명하다.

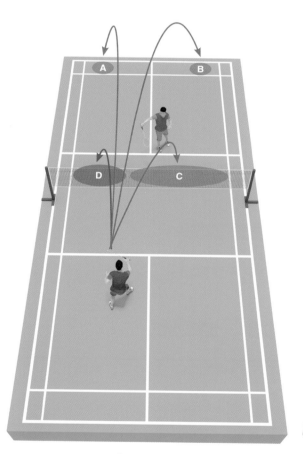

코트 왼쪽에서 받아치기

코트 오른쪽에서 받아치기

서비스 리시브도 실수는 금물

서비스와 마찬가지로 서비스 리시브도 실수는 금물. 이 경우도 정신적으로 크게 동요하게 되어 계속 실수하기 쉬워지므로 주의하자.

18 기본적인 샷을 상황별로 친다

▶ 같은 자세로 치는 여러 샷의 조합

check

 나누어 치는 비결

상대방이 내 샷을 파악하지 않도록 같은 자세로 여러 샷을 치는 것이 단식의 기본이다. 재빠르게 셔틀콕 아래에 들어가 칠 준비를 하고 좋은 자세로 치는 것이 상대방에게 샷을 파악당하지 않는 비결이다.

▼

1 코트 뒤쪽에서 치는 오버헤드

오버헤드로 여러 샷을 치기 위해 우선 스윙이 서로 비슷한 클리어와 슬라이스 드롭(커트), 다음으로는 스매시와 드롭을 나누어 치는 방법을 배우자.

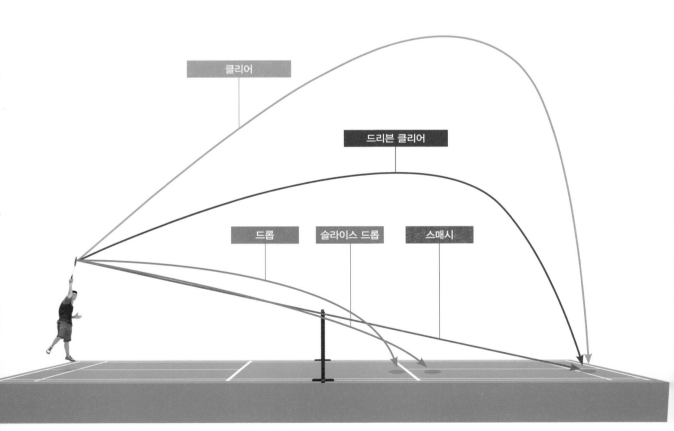

치는 타이밍을 바꾸면 페인트 효과가 더 커진다
→ 자세한 내용은 66쪽 참고.

2 코트 중간에서 치는 샷

네트보다 위는 스매시, 슬라이스 드롭, 드라이브. 헤어핀(네트 샷)보다 아래는 스핀 없는 헤어핀이나 긴 헤어핀, 언더(로브). 재빠르게 움직여서 치는 것이 중요하다.

Point

포인트 낮게 보낸다

네트 위로 높이 뜨면 카운터가 돌아오므로, 네트를 넘으면 아래로 떨어지도록 친다. 빈 곳이나 몸 주위의 치기 어려운 부분을 노리면 좋다.

드라이브
슬라이스 드롭
스매시

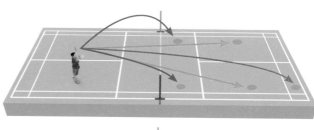

스핀 없는 헤어핀
긴 헤어핀
언더

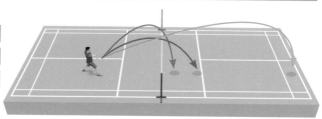

3 네트 앞의 언더핸드

네트 앞에서 언더핸드로 칠 때 헤어핀(네트 샷)과 언더(로브)를 나누어 쳐서 상대방을 앞뒤로 갈팡질팡하게 하자. 공격 기회를 만들 때 기본 전술이다.

Point

움직이기 시작하면 칠 준비를 한다

셔틀콕 아래에 들어가고 나서 라켓을 눈앞에 내미는 것이 아니라, 움직이기 시작한 순간부터 몸 앞에 라켓을 내밀어 준비한다.

헤어핀
언더

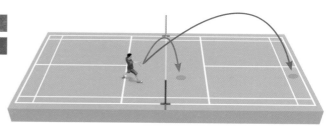

4 네트 앞의 어택 샷

네트 앞에서 오버헤드로 치는 샷은 푸시, 블록, 그리고 드라이브 세 가지다. 재빠른 터치가 중요하다.

Point

한 번에 승부하지 말고 다음 준비를 한다

재빠르게 터치하면 페인트 효과도 크지만, 조금이라도 늦으면 반격당한다. 치고 나서 빨리 다음 준비를 하자.

드라이브
블록
푸시

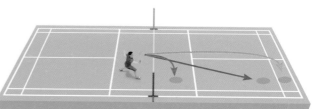

19 상대방의 자세를 보고 공격을 바꾼다

▶ 움직이기 어려운 방향으로 친다

상대방이 홈 포지션에서 준비하고 있을 때 앞에 나와 있는 발을 확인하고, 거기서 움직이기 어려운 방향으로 샷을 친다. 그렇게 하면 카운터 등 빠른 공격은 잘 들어오지 않는다.

오른발이 앞에 있으면 포어 깊숙한 곳, 백 앞쪽 공격이 효과적이다.

왼발이 앞에 있으면 백 깊숙한 곳, 포어 앞쪽 공격이 효과적이다.

자신의 시점

check

A로 움직인 후에는 오른발이 앞에 나오므로, 움직이기 어려운 B를 노린다

자신의 시점

check

B로 움직인 후에는 왼발이 앞에 나오므로, 움직이기 어려운 A를 노린다

 A에서 A, B에서 B를 노릴 때는 주의

타이밍에 변화를 주면 효과가 있지만, 상대방이 코스를 파악하면 카운터를 칠 수도 있다.

20 상대방이 복귀할 때의 버릇을 이용한다

▶ 포어 깊숙한 곳, 백 앞쪽에서 복귀하는 모습을 확인한다

기본 자세에서 항상 오른발이 앞에 나오는 선수는 포어 깊숙한 곳, 백 앞쪽에서 원래 자리로 돌아갈 때 에도 버릇이 나오기 쉽다. 그 버릇을 이용해 공격하면 상대방이 늦게 움직이므로 실수를 유도하기 쉽다.

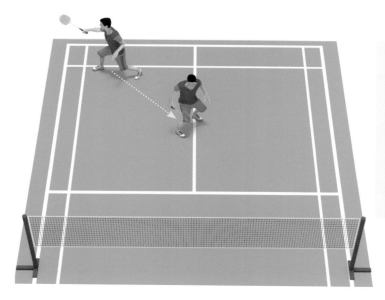

check

**포어 깊숙이 갔다가 돌아올 때
오른발이 앞에 나오는 경우**

상대방이 포어 깊숙이 갔다가 원래
자리로 돌아갈 때 오른발이 앞에
나오는 유형이라면, 다시 포어 깊
숙한 곳을 공격해서 늦은 대응을
유도한다.

check

**백 앞쪽에서 복귀할 때
오른발이 앞에 나오는 경우**

상대방이 백 앞쪽에서 원래 자리로
돌아갈 때 오른발이 앞에 나오는
유형이라면, 다시 앞쪽 백을 공격
해서 늦은 대응을 유도한다.

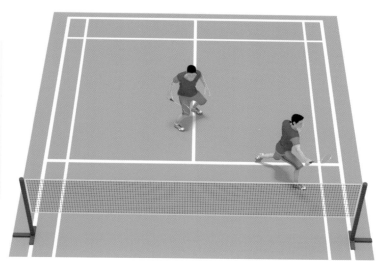

 자신의 움직임도 확인한다

무의식중에 이런 패턴으로 공격당하고 있을 가능성이
있다. 연습하면서 확인하자.

21 치는 타이밍에 변화를 준다

▶ 상대방이 복귀할 때의 풋워크를 보고 리듬을 흐트러뜨린다

상대방의 리듬을 흐트러뜨리면 효과적으로 공격할 수 있다. 그때 포인트가 샷을 받아친 후 상대방의 풋워크다. 랠리 중 셔틀콕을 친 후의 움직임은 기본적으로 **1**홈 포지션으로 돌아가기 시작한다. **2**반격을 지켜보며 이동한다. **3**홈 포지션에 발을 딛는다. 이렇게 3단계다. 이 동작 후 받아치기 위한 움직임을 개시한다.

1 2 3의 타이밍 중 상대방의 리듬을 무너뜨리기 쉬운 것은 **1**과 **3**. 홈 포지션으로 돌아가기 시작한 때와 돌아간 직후를 노리면 상대방의 허를 찌를 수 있다. 일반적인 리듬인 **2**에서 랠리를 펼치면서, 공격하고 싶을 때는 **1**과 **3**의 타이밍에 치면 효과적이다.

1 홈 포지션으로 돌아가기 시작한다

2 반격을 지켜보며 이동

3 홈 포지션에 발을 딛는다

공격 타이밍

셔틀콕을 받아치고 홈 포지션으로 이동하기 시작하는 상태. **2**보다 한 박자 빠르게 치면 상대방이 움직이는 타이밍을 늦출 수 있다.

일반적인 리듬으로 랠리하면 서로 이 타이밍에 치게 된다.

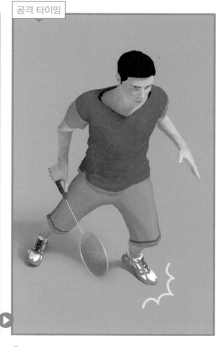

공격 타이밍

홈 포지션에서 양발이 바닥을 디딘 상태. **2**보다 한 박자 늦게 치면 상대방이 이동을 멈추게 할 수 있다.

→ 리듬을 흐트러뜨리는 샷은 66쪽 참고.

22

허술한 페인트 언더를 간파한다

▶ 상대방이 라켓 면을 뒤로 물리며 칠 때가 기회다

페인트를 잘 치지 못하는 선수, 또는 잘 치더라도 지친 선수는 치기 직전에 라켓을 뒤로 물리기 쉽다. 상대방이 그렇다면 샷이나 코스를 파악하기 쉽다.

특히 백핸드 언더(로브)는 더욱 읽어내기 쉽다. 상대방이 언더를 칠 때, 치기 직전에 라켓을 뒤로 빼면 스트레이트가 된다. 스트레이트라고 안 순간 빠르게 달려들어 치자. 상대방의 버릇을 간파해서 득점하는 것이다.

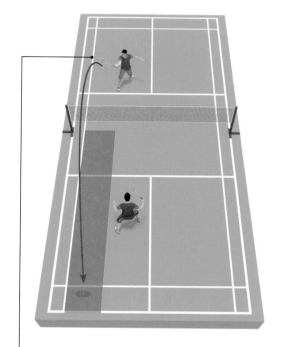

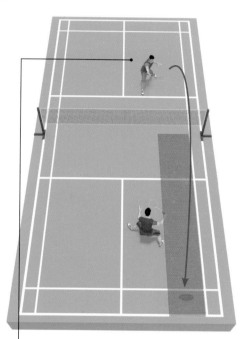

여유가 있는 선수는 라켓을 조금만 물린다

상대방에게 여유가 있을 경우는 라켓을 거의 뒤로 빼지 않고 치므로 코스를 파악하기 어렵다.

포핸드

백핸드

상대방이 라켓 면을 뒤로 물리는지 확인한다

지치기 시작하면 페인트의 질이 낮아진다. 상대방이 라켓을 뒤로 뺀 순간 스트레이트라고 판단해서 셔틀콕에 달려들자.

23 스매시의 각도를 바꾸어 공격한다

▶ 예각 스매시가 어려워지면 코스를 바꾼다

기본적으로 스매시는 높은 타점에서 좁은 각도로 쳐야 성공률이 높다. 그러나 상대방의 실력이 뛰어나다면 예각 스매시만으로는 승부가 잘 나지 않는다. 그러므로 상대방에게 예각 스매시라고 생각하게 한 다음 높은 스매시를 쳐 보자.

스매시를 상대방 코트 하프라인으로 친 다음, 뒤쪽으로 떨어지는 높은 스매시를 친다. 낮게 자세를 잡은 상대방은 높은 스매시에 대응하기 어려우므로 이쪽이 점수를 내기 쉽다.

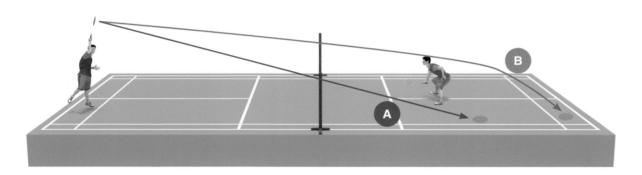

check

높은 스매시는 전력으로 치지 않는다

상대방의 코트 뒤쪽에서 셔틀콕이 느려지도록 조정해서 친다. 전력으로 치지 않는다.

Ⓐ 예각 스매시

구속이 빠르고 강력한 샷이지만 연속으로 치면 상대방이 잘 대응할 수도 있다.

Ⓑ 높은 스매시

상대편 코트 뒤쪽에서 셔틀콕이 느려지도록 조정해서 치는 샷. 전력으로 치지 않는 것이 포인트다.

check

낮은 자세를 잡기 시작하면 높이 칠 찬스다

상대방이 예각 스매시를 경계해 라켓을 조금 내리고 낮은 자세를 잡는다면, 높은 스매시를 쳐서 승부할 기회다.

🔍 자신의 시점

24 모든 스매시를 전력으로 치지 않는다

● 네트를 넘어 가라앉는 샷을 친다

스매시는 전력으로 치는 것이라고 생각하는 사람들이 많은데, 전력으로 치면 궤도가 길어지기 쉽다. 특히 크로스의 경우 코트 뒤쪽까지 궤도가 뻗기 쉬워서 상대방이 쉽게 리시브하는 경우가 많다. 상대방이 받아낼 것 같다면 네트를 넘어 가라앉을 정도의 빠르기로 쳐서 하프 사이드를 노리면 좋다.

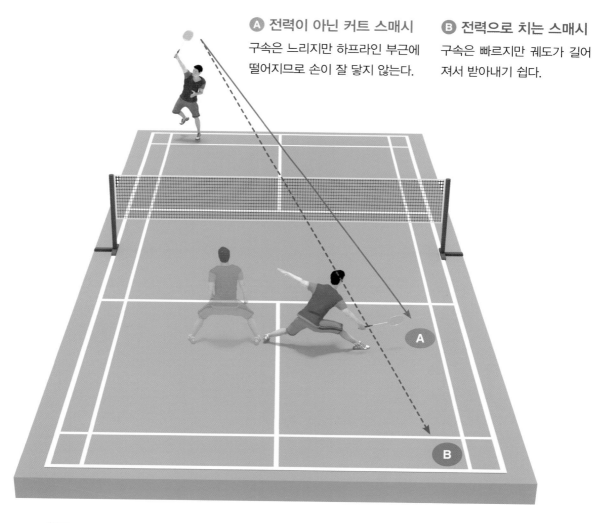

Ⓐ 전력이 아닌 커트 스매시
구속은 느리지만 하프라인 부근에 떨어지므로 손이 잘 닿지 않는다.

Ⓑ 전력으로 치는 스매시
구속은 빠르지만 궤도가 길어져서 받아내기 쉽다.

check

스매시의 종류를 다양하게 준비한다

아무리 빠른 스매시라도 단조롭게 치면 언젠가 반격당한다. 공격에 변화를 주는 것이 승리로 이어지는 핵심이다.

25 푸시처럼 보이는 샷

▶ 허를 찌르는 샷으로 상대방을 농락한다

네트 앞에서 셔틀콕이 뜨면 상대방은 '푸시당한다!' 라고 생각해서 리시브 자세를 취할 것이다.

허를 찌르는 샷을 이용해서 상대방을 농락하자.

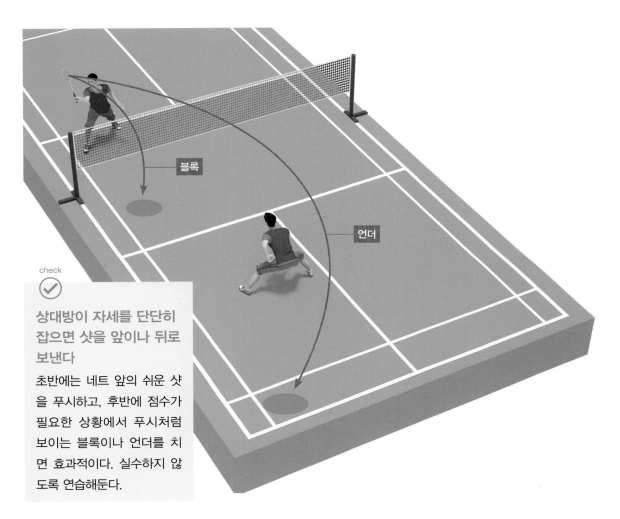

블록

언더

check

상대방이 자세를 단단히 잡으면 샷을 앞이나 뒤로 보낸다

초반에는 네트 앞의 쉬운 샷을 푸시하고, 후반에 점수가 필요한 상황에서 푸시처럼 보이는 블록이나 언더를 치면 효과적이다. 실수하지 않도록 연습해둔다.

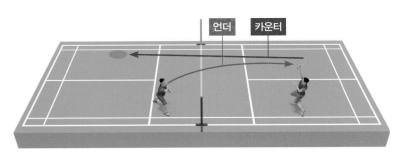

언더　카운터

⚠ 언더의 높이를 주의

푸시처럼 보이는 언더를 허술하게 치면 카운터가 들어오므로 주의하자.

26 헤어핀은 셔틀콕의 방향을 보고 친다

▶ 셔틀콕이 수직일 때 치면 더욱 안정감이 있다

헤어핀(네트 샷)을 칠 때 가능한 한 높은 위치에서 치도록 가르치는 사람들이 많다. 그러나 셔틀콕이 상대편 코트에서 네트를 넘어왔을 때, 셔틀콕이 바닥에 대해 수직이 되기 전이나 라켓 면과 셔틀콕의 방향이 수직이 아닐 때 치면 실수하기 쉽다.

실수 없이 치기 위해서는 타점이 다소 낮아지더라도 라켓 면과 셔틀콕이 수직이 되는 위치(기준은 자신의 어깨보다 아래)를 확인하자.

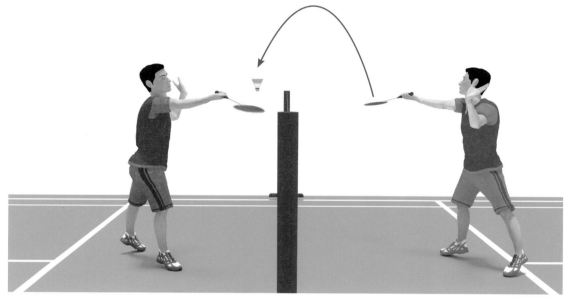

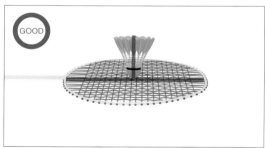

셔틀콕이 수직이 되었을 때 친다

무리하게 높은 타점에서 치지 않고 셔틀콕이 수직으로 떨어지기를 기다렸다가 친다. 실수를 줄이면서 치는 방법이다.

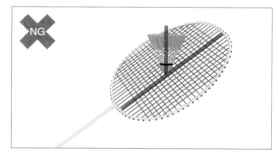

높은 타점에서 무리하게 치지 않는다

높은 위치에서 무리하게 치면 라켓 면과 셔틀콕이 수직이 되지 않아서 타구가 안정되지 않는다.

 어린아이는 특히 주의!

키가 작은 아이가 헤어핀(네트 샷)을 칠 때는 흔히 어깨보다 높은 위치에서 치는데, 실수가 늘고 헤어핀의 질도 낮아지기 쉽다. 질을 높이고 싶다면 어깨 부근에서 받아내는 연습을 하자.

27 스핀 없는 헤어핀와 긴 헤어핀을 나누어 친다

▶ 두 가지 헤어핀(네트 샷)으로 시합에서 우위를 점한다

네트 앞에서 치는 헤어핀(네트 샷)에는 기본적인 타법 외에도 배워두면 좋은 전술적인 타법이 있다. 자신 쪽 코트에서 높게 치고 네트 부근에서 떨어뜨리는 스핀 없는 헤어핀, 궤도가 길고 숏 서비스 라인 가까이에서 떨어뜨리는 긴 헤어핀이다. 각각 장단점이 있으므로 타이밍을 보고 나누어 치자. 잘 이용하면 상

대방이 푸시나 스핀 헤어핀을 치지 못하도록 할 수 있다.

다만 위치에 따라서는 긴 헤어핀을 치지 않는 것이 나은 경우도 있으므로, 어떤 상황에서 리스크가 큰지 기억해두자.

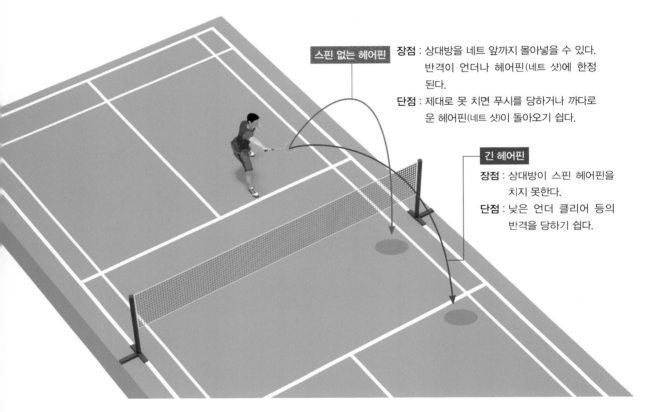

스핀 없는 헤어핀
장점 : 상대방을 네트 앞까지 몰아넣을 수 있다. 반격이 언더나 헤어핀(네트 샷)에 한정된다.
단점 : 제대로 못 치면 푸시를 당하거나 까다로운 헤어핀(네트 샷)이 돌아오기 쉽다.

긴 헤어핀
장점 : 상대방이 스핀 헤어핀을 치지 못한다.
단점 : 낮은 언더 클리어 등의 반격을 당하기 쉽다.

긴 헤어핀을 칠 수 있는 범위

긴 헤어핀에서 주의할 점

스핀 없는 헤어핀은 타점이 어디에 있든 유효타가 되지만 긴 헤어핀을 칠 수 있는 범위가 한정된다. 숏 서비스 라인 부근에서 치면서 타점이 낮아지지 않도록 조심하자. 범위 바깥에서 치면 컨트롤이 어려워지므로 주의한다.

28 드롭을 대각선으로 친다

▶ 태세를 다시 정비하는 샷을 친다

랠리 중에 포어 깊숙한 곳이나 백 깊숙한 곳으로 내몰릴 때 클리어로 태세를 정비하는 일이 많은데, 조금이라도 허술하게 치면 곧바로 카운터 공격을 당한다. 그런 위험이 클 때는 셔틀콕이 공중에 오래 머무르도록 드롭과 슬라이스 드롭(커트)을 대각선으로 이용하자.

드라이브 느낌의 빠른 샷을 칠 수도 있지만, 상대방의 반격도 빨라지기 때문에 다음 샷까지 시간이 없을 가능성이 있다. 드롭과 슬라이스 드롭을 대각선으로 쳐서 셔틀콕이 공중에 오래 머무르게 하자. 원래 자리로 돌아가서 태세를 정비할 시간을 번다. 네트를 넘을 때 높이 뜨지 않게 하면 푸시당하지 않는다.

check

✓

자신 쪽 코트에 궤도의 정점을 만든다

자신 쪽 코트에 궤도의 정점을 만들어서, 셔틀콕이 네트를 넘을 때 네트 가까이 지나가게 하면 푸시당하지 않는다.

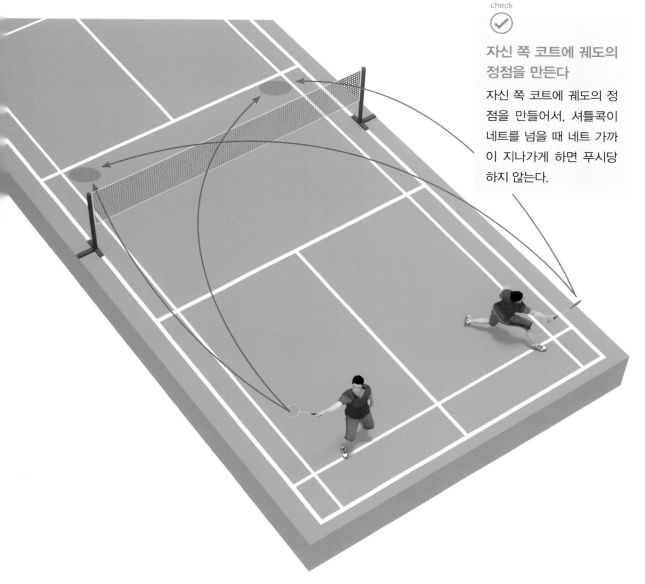

29 오버헤드는 타이밍을 바꾼다

▶ 클리어, 스매시, 슬라이스 드롭은 세 부분에서 나뉜다

오버헤드 샷인 클리어, 스매시, 슬라이스 드롭(커트)을 점프해서 칠 때 다음과 같이 타이밍을 바꿔서 치면 상대방의 움직임을 늦춰서 우위를 점하기 쉽다. **1** 뛰어오르면서 친다. **2** 뛰어오른 최고 지점에서 친다. **3** 착지와 동시에 친다.

가장 많은 선수들이 치는 타이밍은 **2** 지만 매번 이 타이밍에 치면 상대방이 그 리듬에 익숙해지고 만다. 최고의 선수들은 이 타이밍을 바꿔서 샷의 폭을 넓힌다. 타이밍을 바꾸기가 쉽지는 않지만, 의식하면서 치면 샷의 폭이 넓어지므로 염두하자.

1 과 **3** 을 조합한다

1 클리어, **1** 클리어, **3** 슬라이스 드롭과 같이 조합해서 치면 더 효과적으로 상대방의 타이밍을 교란할 수 있다.

1 뛰어오르면서 친다

상대방의 발을 가장 확실히 묶을 수 있는 타이밍이다. 점프와 동시에 라켓을 휘두른다.

2 최고 지점에서 친다

일반적인 타이밍이다. 각도가 있는 샷을 치고 싶을 때 이용하는 타이밍이다.

3 착지와 동시에 친다

상대방의 발을 묶을 수 있는 타이밍이다. 착지와 동시에 친다.

30 치열한 후반 득점을 내는 전개를 만든다

▶ 특기를 숨겼다가 승부의 시점에 점수를 따낸다

치열한 시합 후반에 1점이 아쉬운 상황이 있다. 그럴 때를 대비해 득점할 수 있는 특기를 숨겨두자.

가령 라운드에서 크로스 스매시를 치는 것이 특기라면, 일부러 후반까지 라운드에서 크로스를 치지 않고 스트레이트로 치는 것이다. 상대방이 스트레이트를 예상하게 만들어놓고, 점수가 필요할 때 크로스를 쳐서 점수를 따내는 방법이다.(왼쪽 그림) 오른쪽 그림의 패턴에서는 숏 서비스를 상대방 백 쪽으로 돌려주다가, 승부의 시점에 백 쪽으로 치는 것처럼 페인트를 걸어서 포어 쪽으로 친다.

이처럼 치열한 후반에 득점하기 위해서는 셔틀콕을 보내는 기술이 필요하다. 그러려면 초반에 특기를 너무 많이 발휘하지 않도록 주의해야 한다. 전반에 수를 다 보여주는 바람에 중요한 순간에 승부수가 없어지는 사태는 피해야 한다. 숨겨둘 특기는 그림처럼 코스와 관련된 것이라도 좋고, 빠르게 움직이거나 페인트를 거는 것이라도 좋다. 자신 나름의 득점 방법을 찾자.

패턴 1

포어 쪽에서 스매시를 스트레이트로 보내다가, 승부의 시점에 크로스로 치는 패턴.

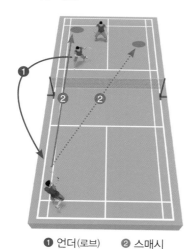

❶ 언더(로브) ❷ 스매시

→ 자주 이용하는 코스

┈┈▶ 점수가 필요할 때의 코스

패턴 2

상대방의 백 쪽으로 서비스 리시브를 하다가, 승부의 시점에 포어 쪽으로 치는 패턴.

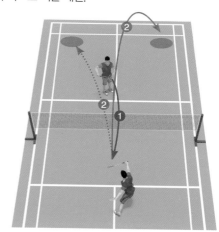

❶ 숏 서비스 ❷ 낮은 언더 클리어

→ 자주 이용하는 코스

┈┈▶ 점수가 필요할 때의 코스

check

다양하게 셔틀콕을 보내면 승부에 유리하다

치열한 접전이라고 해도 뛰어난 상대가 거의 이기는 이유는 후반에 다양하게 셔틀콕을 보내는 기술을 가지고 있기 때문이다. 긴박한 순간의 상황 판단력은 다양한 기술을 갖춘 선수일수록 뛰어나다.

31 복식 스타일 선수에 대응하기

▶ 낮고 빠른 전개가 특기인 상대는 크게 움직이도록 유도한다

체력이 약하고 빨리 움직이지 못하는데도 시합을 해보면 의외로 강한 선수들이 있다. 그런 선수들은 많이 움직이지 않아도 몸 주변에 온 샷을 복식 선수처럼 잘 가려내고, 그 뛰어난 기술을 단식에 응용하는 경우가 많다. 샷을 잘 읽어내고, 불필요한 움직임이 적고, 드라이브와 스매시가 빠른 것이 특징이다. 여기서는 복식과 같은 전개가 특기인 선수들의 공략법을 살펴보겠다.

→ 이것이 상대방의 특기 패턴

일부러 공격을 유도한다

상대방은 드라이브나 스매시 리시브가 특기이기 때문에, 공격하고 싶게 만드는 샷을 일부러 치는 경향이 있다. 아래와 같은 경우는 긴 숏 서비스를 고의로 쳐서 드라이브를 유도해, 드라이브가 오면 긴 드롭으로 반격한다. 이것도 유도성 샷으로, 낮고 빠른 언더(로브)를 이끌어내는 것이다. 의도대로 낮은 언더 클리어가 오면 카운터로 승부하는 것이 상대방의 특기 패턴이다.

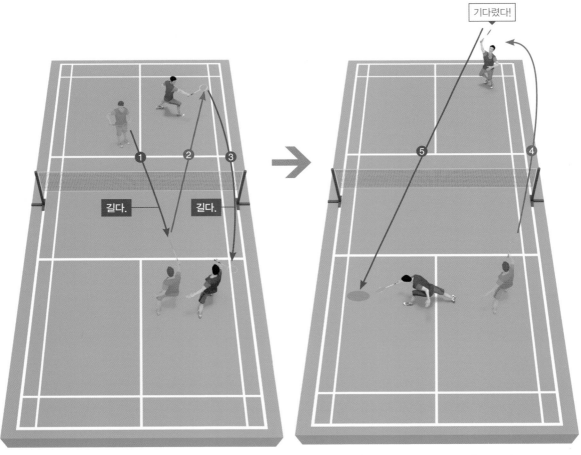

❶ 숏 서비스   ❷ 드라이브   ❸ 드롭   ❹ 낮은 언더 클리어   ❺ 스매시

TACTICS

상대방을 앞뒤로 움직인다

▼

TACTICS **1** **체력을 소모시키기 위해 네 모퉁이로 유도한다**

Step

 헤어핀이나 언더를 친다

상대방이 궤도가 긴 숏 서비스를 치면 빠른 터치로 헤어핀(네트 샷)이나 높은 언더(로브)를 치자.(아래 그림에서는 헤어핀) 코트의 네 모퉁이를 노려서 상대방이 크게 움직이도록 셔틀콕을 보낸다. 상대방이 유도하는 대로 숏 서비스를 드라이브나 낮은 언더 클리어로 돌려주지 않도록 한다. 페인트에 능숙한 상대라면 섬세한 기술로 승부하지 않는 것이 좋다.

Step

 상대방을 앞뒤로 흔든다

재빠른 터치로 헤어핀(네트 샷)이나 언더(로브)를 쳤다면, 빠르게 움직여서 상대방을 앞뒤로 이동시키자. 그림처럼 상대방이 헤어핀을 언더로 받으면 클리어로 돌려준다. 복식 스타일의 선수는 이동이 약점이므로, 앞뒤로 이동시켜서 체력을 소모시키자. 충분히 지치게 해서 움직임이 느려진 때를 가늠해 공격한다.

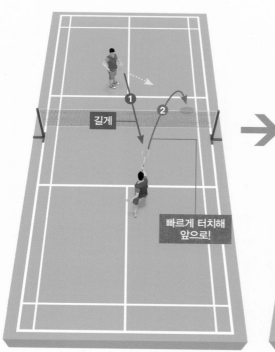

길게

❶

❷

빠르게 터치해
앞으로!

❶ 숏 서비스   ❷ 헤어핀

헤어핀(네트 샷)을 칠 때는 빠르게 터치해 앞으로 떨어지도록 쳐서, 상대방이 많이 움직이도록 한다.

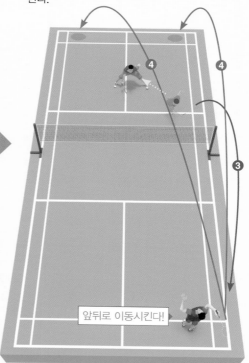

❹

❹

❸

앞뒤로 이동시킨다!

❸ 언더   ❹ 클리어

상대방은 랠리를 낮게 전개하고 싶어 하겠지만 받아주지 말자. 정확하면서도 빠르게 터치해 코트의 네 모퉁이를 노리는 기술이 필요하다.

TACTICS 2

낮은 자세로 치게 만든다

Step 1　빠른 터치로 셔틀콕을 보낸다

이동이 약점인 선수에게는 빠른 터치로 셔틀콕을 보내서 낮은 자세로 치게 하면 좋다. 이런 유형의 선수는 발을 깊이 내딛어야만 받아낼 수 있는 낮은 샷에 잘 대응하지 못한다. 오른쪽 위 그림에서는 낮은 언더 클리어로 상대방을 깊숙이 몰아넣어 낮은 자세를 유도하고 있다. 그 외에도 네트 앞을 향하는 슬라이스 드롭(커트)이나 드롭, 사이드를 향하는 하프 스매시 등을 효과적으로 이용하자.

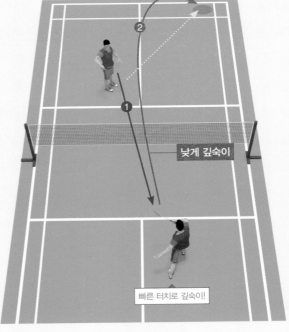

낮게 깊숙이

빠른 터치로 깊숙이!

❶ 숏 서비스　❷ 낮은 언더 클리어

Step 2　상대방이 지치면 페인트를 쓴다

상대방이 지쳐서 랠리를 따라오지 못하게 되면 평소 통하지 않는 페인트도 잘 통하게 된다. 오른쪽 아래 그림은 상대방이 슬라이스 드롭으로 빠져나간 후, 언더(로브)처럼 보이는 헤어핀(네트 샷)을 치는 모습이다.

시간이 부족

언더처럼 보임

❸ 슬라이스 드롭　❹ 헤어핀

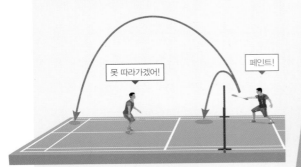

못 따라가겠어!　페인트!

▲ 언더와 헤어핀 중 무엇인지 알 수 없는 기본적인 페인트도 지친 상대에게는 잘 통한다.

무턱대고 스매시를
치지 않는다

커트 스매시나 드롭을 이용

랠리 중 상대방이 허술한 언더(로브)를 쳐도 곧
바로 몸 주위로 스매시를 쳐서는 안 된다. 이러
한 유형은 빠르고 위력이 있는 스매시보다는
사실 커트 스매시나 언더 때문에 이동하는 일
을 더 싫어하는 경우가 많다. 빠른 샷보다 상대
방을 이동시키는 일을 의식하자.

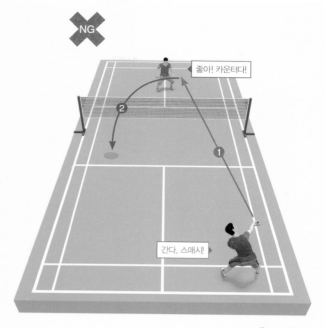

❶ 스매시
❷ 리시브

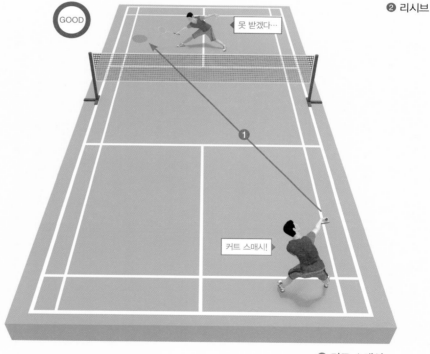

❶ 커트 스매시

정리 복식 스타일의 전개를 선호하는 선수는 드라이브나 리시브, 사이드로 달려드는 움직임에 자신이 있
기 때문에 낮고 빠른 전개를 유도하는 경향이 있다. 그러나 앞뒤로 많이 움직이는 일은 자신이 없다.
그러므로 상대방을 앞뒤로 이동시키고 낮고 빠른 전개를 피하면서, 긴 랠리에서 이길 기회를 찾자.

32

공격형 선수에 대응하기

▶ 스매시와 헤어핀을 봉쇄하고 낮게 전개한다

스매시 한 방으로 랠리를 끝낼 수 있는 선수라도, 공격 기회를 만들지 못하면 장점을 발휘하지 못한다. 공격형이라고 불리는 선수들은 공격력이 높을 뿐 아니라, 뛰어난 네트 플레이로 높은 언더(로브)를 유도해서 자신의 공격 기회를 만드는 데에도 능숙하다.

공격형 선수와 시합할 때는 스매시를 칠 틈을 주지 않는 흐름을 만드는 것이 좋다. 긴 헤어핀이나 드롭을 쳐서, 상대방이 스핀 헤어핀 등의 까다로운 헤어핀(네트 샷)을 치지 못하도록 하자. 공격할 수 없는 상황이 계속되면 상대방이 자신의 페이스를 유지하지 못해서 자멸하는 경우도 많다.

→ 이것이 상대방의 특기 패턴

**절묘한 헤어핀으로
언더를 유도해 스매시로 승부**

공격형 선수가 이기는 전형적인 패턴은 아주 단순하다. 헤어핀을 쳐서 높은 언더를 유도해 스매시로 득점하는 패턴이 많다. 까다로운 스핀 없는 헤어핀을 치거나 자유자재로 스핀을 걸면서 언더를 유도하는 기술을 가진 공격형 선수들도 많다.

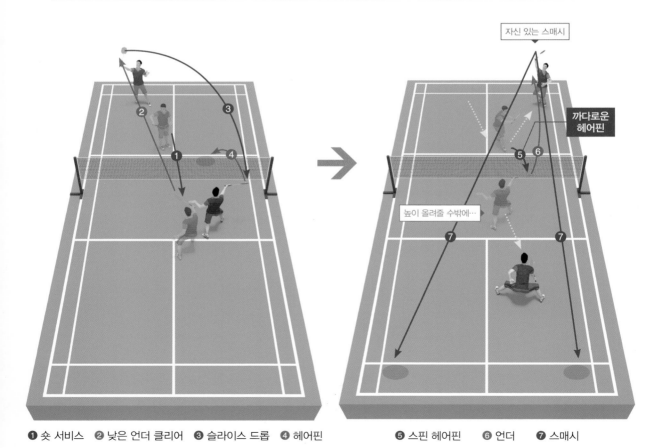

❶ 숏 서비스 ❷ 낮은 언더 클리어 ❸ 슬라이스 드롭 ❹ 헤어핀   ❺ 스핀 헤어핀 ❻ 언더 ❼ 스매시

TACTICS

까다로운 헤어핀을 봉쇄, 빠른 전개로 이긴다

Step **1** 긴 헤어핀을 이용

숏 서비스를 받아칠 때, 또는 랠리 중 헤어핀(네트 샷)을 칠 때는 숏 서비스 라인 부근에 떨어지는 긴 헤어핀을 이용하자. 긴 헤어핀이 스핀을 걸기 어려워서 까다로운 헤어핀이 돌아올 확률이 낮다.

Step **2** 낮은 언더 클리어 등 빠른 전개를 준비한다

긴 헤어핀을 치면 낮은 언더 클리어가 돌아올 가능성이 높다. 낮은 언더 클리어라면 얼른 셔틀콕 아래에 들어가서, 기회를 보고 카운터를 노리자. 긴 드롭이나 드리븐 클리어도 효과적이다. 다만 전개가 빨라지므로, 친 뒤에는 얼른 다음 준비를 하자.

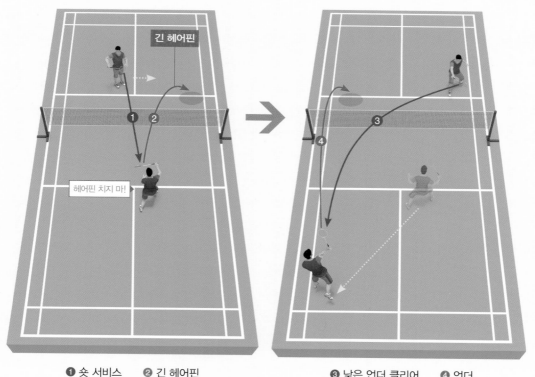

❶ 숏 서비스　❷ 긴 헤어핀　　❸ 낮은 언더 클리어　❹ 언더

정리　공격형 선수는 까다로운 스핀 헤어핀으로 허술한 언더(로브)를 유도해서 강력한 스매시를 친다. 우선 긴 헤어핀이나 긴 드롭으로 까다로운 헤어핀을 봉쇄하자. 상대방은 낮은 언더 클리어나 드라이브 등 낮고 공격적인 샷을 칠 것이므로, 친 뒤에는 재빨리 준비해서 상대방을 앞뒤로 이동시키며 기회를 노리자.

33 키가 큰 선수에 대응하기

▶ 높이를 살려 플레이하지 못하도록 상대방의 중심축을 무너뜨린다

드리븐 클리어나
낮은 언더 클리어로 카운터 공격

키가 큰 선수들은 그 점을 잘 활용해서 드리븐 클리어나 낮은 언더 클리어를 도중에 블록해서 네트 앞에 떨어뜨리거나, 스매시 등으로 카운터 공격하는 것이 특기다. 특히 크로스로 오는 샷을 기다렸다가 반격하는 경우가 많다. 상대방의 손이 닿는 범위가 넓으므로, 셔틀콕을 충분히 높게 치지 않으면 상대방이 자신 있는 패턴으로 점수를 가져가기 쉽다.

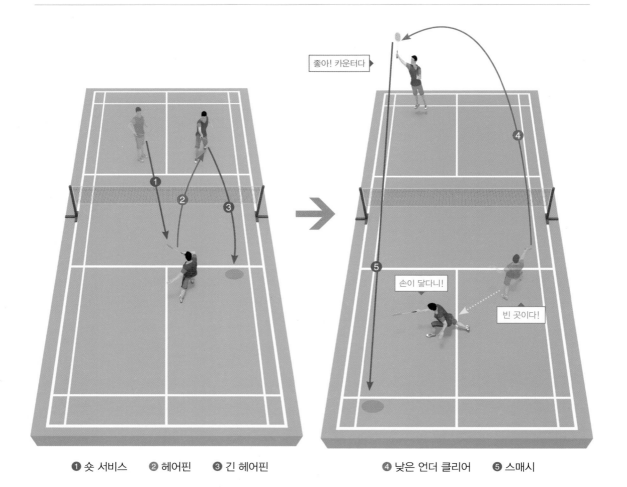

좋아! 카운터다 ▶

손이 닿다니!

빈 곳이다!

❶ 숏 서비스   ❷ 헤어핀   ❸ 긴 헤어핀   ❹ 낮은 언더 클리어   ❺ 스매시

무턱대고 크로스를
치지 않는다

주니어 때부터 크로스를 쳐서 상대방을 이동시키는 전술을 흔히 사용한다. 그러나 수준이 높아져서 키 큰 선수나 움직임이 빠른 선수와 맞붙게 됐을 때 이 패턴으로 점수를 잃는 일이 많다. 스트레이트로 상대방을 깊숙이 몰아넣는 기술도 익히자.

키가 큰 선수들은 공격형에 가까운 경향이 있고, 키를 활용한 공격 기술을 갖추고 있다. 사이드로 보낸 샷이나 어중간한 높이의 샷에 손이 잘 닿기 때문에 카운터 공격이 특기다.

애초에 키가 큰 선수를 상대로 낮은 언더 클리어나 드리븐 클리어를 치려고 하면 높이를 조정하기가 어렵다. 일반적인 선수라면 닿지 않는 높이도 닿기 때문에, 크로스 샷이 막히면 카운터가 들어오고 만다. 상대방이 키가 크다면 궤도의 높이를 신중하게 조정하고, 특히 크로스는 위험이 크다는 사실을 인식하며 싸울 필요가 있다.

→ 이것이 상대방의 특기 패턴 Ⓑ

사이드 쪽의 셔틀콕을 크로스로 돌려준다

키가 큰 선수들은 사이드라인 쪽으로 온 셔틀콕에 대한 대응력도 뛰어나다. 언더(로브)를 친 후 일부러 넓게 사이드를 열어두고 스트레이트 스매시를 유도하기도 한다. 키가 큰 만큼 사이드라인으로 셔틀콕이 오면 한 걸음에 닿기 때문에, 크로스로 돌려줘서 이쪽을 이동시키고 시합에서 우위를 점하는 것이 특기 패턴이다.

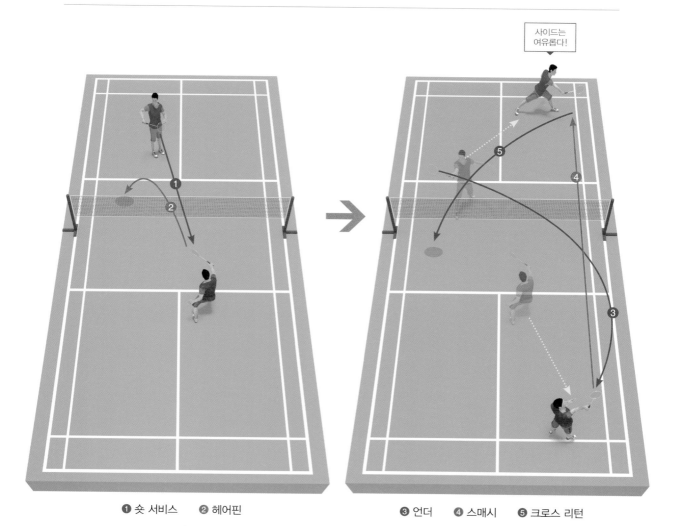

사이드는 여유롭다!

❶ 숏 서비스   ❷ 헤어핀   ❸ 언더   ❹ 스매시   ❺ 크로스 리턴

TACTICS
상대방을 흔들어 장점을 봉쇄

TACTICS 1

클리어와 드롭을
상황에 맞게 친다

Step

**빠르게 움직이도록
의식한다**

키가 큰 선수들은 팔다리가 길기 때문에 셔틀
콕을 높은 위치에서 받아낼 수 있다. 그러므로
내가 상대방보다 빠르게 움직이지 않으면 상대
방이 항상 선수를 치는 상황이 되기 쉽다. 키가
큰 선수와 시합할 때는 상대방의 움직임을 잘
보고 조금이라도 빠르게 움직이도록 의식하자.

Step

앞뒤로 이동시킨다

키가 큰 선수를 앞뒤로 이동시키면 기회가 잘
생긴다. 코트 깊숙이 클리어나 언더(로브)를 칠
때는 확실히 높게, 네트 앞으로 헤어핀(네트 샷)
이나 드롭을 칠 때는 가능한 한 낮게 치는 등
강약을 준다. 오른쪽 그림에서는 네트 앞으로
키 큰 선수를 이동시킨 후 드롭인지 클리어인
지 상대방이 알지 못하도록 치고 있다. 치는 타
이밍에 변화를 주고, 가능한 한 샷을 간파당하
지 않는 자세로 치자.

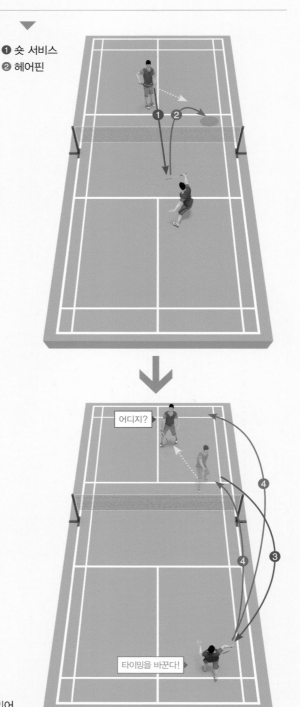

❶ 숏 서비스
❷ 헤어핀

어디지?

❹

❹　❸

타이밍을 바꾼다!

❸ 언더
❹ 드롭 또는 클리어

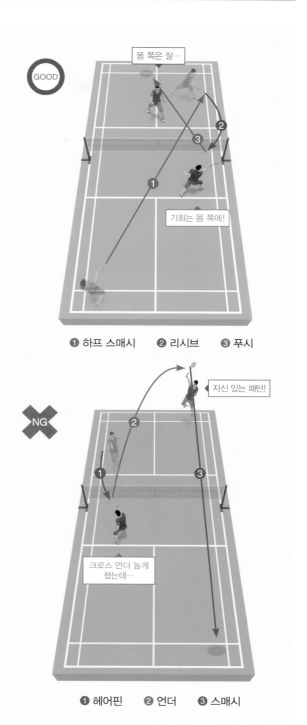

TACTICS **2**

하프 스매시와 몸 쪽 샷을 섞어 친다

상대방의 태세를 무너뜨려 몸 쪽을 노린다

사이드에 잘 대응하는 키 큰 선수에게 스매시를 칠 때는, 평소보다 더 사이드라인 쪽을 노려서 치면 아웃이 되는 경우도 많다. 그러나 낮은 위치에서 받아내야 하는 하프 스매시로 상대방의 태세를 무너뜨리면서, 빈틈이 생기기 쉬운 몸 쪽 공격을 섞으면 시합에서 우위를 점하기 쉽다.

GOOD

몸 쪽은 잘…

기회는 몸 쪽에!

❶ 하프 스매시   ❷ 리시브   ❸ 푸시

TACTICS **3**

크로스 샷을 많이 치지 않는다

초반에는 스트레이트 중심으로 친다

시합 초반에 키 큰 선수의 체력이 충분히 남아 있을 때 크로스 샷을 많이 치면 카운터 당하기 쉽다. 키 큰 선수의 움직임이 빠른 동안은 궤도의 높이를 주의하며 스트레이트 중심으로 친다. 상대방의 움직임이 둔해지기 시작하면 크로스 샷도 유효타가 되기 쉽다. 상황에 맞게 치자.

NG

자신 있는 패턴!

크로스 언더 높게 쳤는데…

❶ 헤어핀   ❷ 언더   ❸ 스매시

정리

키 큰 선수와 맞붙을 때는 우선 상대방보다 빠르게 움직이는 일을 의식하면서 상대방을 앞뒤로 이동시키는 샷을 치자. 초반에는 스트레이트 중심으로 친다. 상대방의 움직임이 아직 빠를 때 크로스를 치면 카운터당하기 쉽다. 또 공격할 때 사이드를 노린다면, 낮은 타점으로 받아치도록 유도하는 하프 스매시를 중심으로 친다. 몸 쪽 샷을 섞어 치며 이길 기회를 찾자.

34 수비형 선수에 대응하기

▶ 리듬에 변화를 주며 포어 깊숙한 곳을 의식하게 만든다

수비형 선수는 스매시를 리시브하거나 코트 네 모퉁이로 셔틀콕을 보내는 것이 특기다. 스매시로 랠리를 끊는 파워풀한 플레이는 적지만, 긴 랠리로 이쪽이 무너지기를 기다리는 패턴이 많다. 그런 상대와 시합할 때는 스매시 한 방으로 승부하는 것이 아니라 서

너 번의 샷에 걸쳐 승부한다고 생각하자. 슬라이스 드롭(커트)과 헤어핀(네트 샷)을 잘 치고, 코스를 파악하기 어렵게 치거나, 바닥 가까이에서 아슬아슬하게 크로스 헤어핀을 치는 등 샷을 잘 연결하는 것이 특징이다.

→ **이것이 상대방의 특기 패턴**

오버헤드로 치는 샷을 간파당하지 않는다

스매시처럼 보이게 해서 커트를 치는 등 수비형 선수들은 어디로 어떻게 셔틀콕을 보낼지 간파당하지 않는 데에 뛰어나다. 특히 클리어와 커트를 상황에 맞게 잘 친다. 아래 그림처럼 백 깊숙한 곳으로 내몰린 상황에서도 스트레이트 클리어처럼 보이는 리버스 슬라이스 드롭으로 승부하는 선수가 많다.

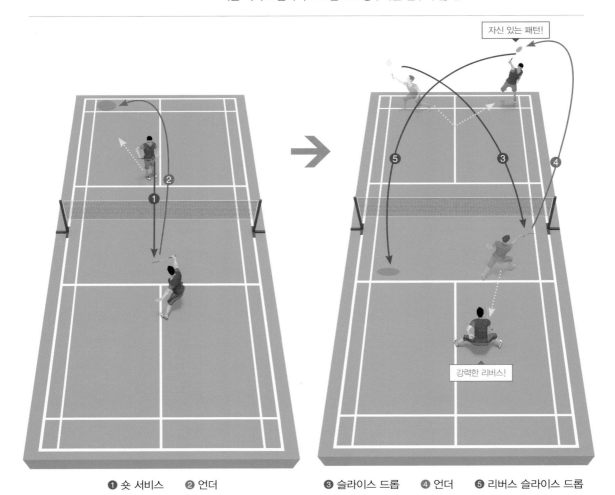

❶ 숏 서비스　❷ 언더　❸ 슬라이스 드롭　❹ 언더　❺ 리버스 슬라이스 드롭

TACTICS

리듬에 변화를 주며 공격한다

TACTICS **1**

3단계로 나눠 치며 리듬을 바꾼다

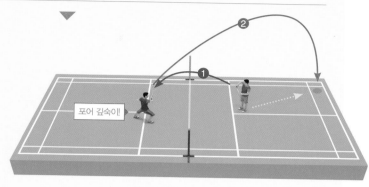

❶ 숏 서비스　❷ 언더

Step

오버헤드 샷의 타이밍에 변화를 준다

수비형 선수의 능숙한 샷을 봉쇄하는 방법은 항상 같은 리듬으로 샷을 치지 않는 것이다. 특히 오버헤드로 칠 때는 치는 타이밍에 변화를 주자. 가령 클리어를 칠 때 ①뛰기 시작하며 친다. ②가장 높이 뛰어올랐을 때 친다. ③착지와 동시에 친다. 이러한 3단계로 나누어 친다.

→ 3단계 샷의 자세한 내용은 66쪽 참고.

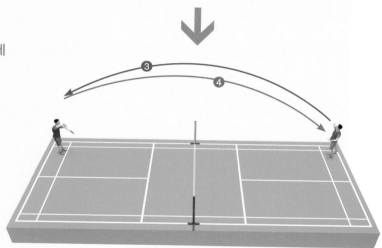

❸ 클리어　❹ 드리븐 클리어

Step

빈 곳을 공략한다

리듬에 변화를 주며 치면 상대방의 샷과 수비가 흐트러진다. 그때 빈 곳에 스매시를 친다. 확실한 기회가 올 때까지 진득하게 랠리하는 것이 수비형 선수와 싸우는 비결이다.

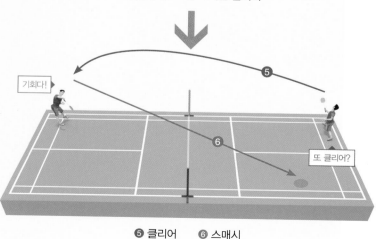

❺ 클리어　❻ 스매시

TACTICS **2**

포어 뒤쪽을 의식하게 만든다

Step **1** 포어 뒤쪽을 중심으로 공략한다

실력 있는 선수라도 코트 네 모퉁이 중 체력 면에서 부담이 가장 큰 것은 의외로 포어 뒤쪽이다. 몸을 비트는 등 전신을 이용해 움직이는 백 뒤쪽과 달리, 포어 뒤쪽은 거의 다리 힘만으로 움직일 필요가 있다. 때문에 수비형 선수에게도 포어 뒤쪽은 가장 경계하게 되는 위치다. 다른 세 모퉁이도 공격하면서 포어 뒤쪽을 많이 노리자.

Step **2** 포어 뒤쪽을 경계하기 시작하면 빈 곳을 노린다

포어 뒤쪽을 노리는 랠리를 많이 하다 보면 상대방은 포어 뒤쪽을 경계하게 되어, 샷을 친 뒤 센터로 완전히 돌아가지 않고 포어 뒤쪽 부근에서 기다리게 된다. 상대방이 포어 뒤쪽에 가까워지면 빠른 터치를 통해 크로스 스매시나 리버스 슬라이스 드롭으로 득점하자.

Step **3** 경계 영역을 바꾼다

이렇게 실점하고 나면 상대방은 포어 뒤쪽으로 너무 가까이 가지 않을 것이다. 상대방의 의식이 바뀌고 나면 상대방 백 쪽으로 방향을 바꾼다. 그렇게 상대방이 포어 뒤쪽에 대한 경계를 늦췄을 때 다시 포어 뒤쪽을 공격하면 효과적이다.

체력적인 부담이 큰 포어 뒤쪽을 계속 노린다

센터에서 준비

❶ 언더   ❷ 클리어

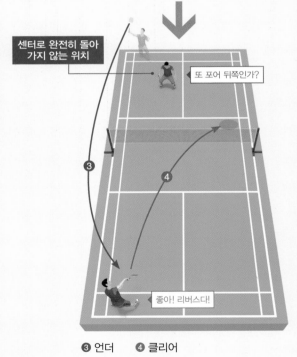

센터로 완전히 돌아가지 않는 위치

또 포어 뒤쪽인가?

좋아! 리버스다!

❸ 언더   ❹ 클리어

정 리

수비형 선수를 만나면 공격하기 쉽지 않다. 우선은 참을성 있게 랠리를 하자. 3단계 샷을 이용해 랠리의 리듬을 바꿔 나가면 기회를 찾기 쉽다. 실수를 유도하며 기회를 기다리자. 네 모퉁이를 공격할 경우는 포어 뒤쪽을 중심으로 치고, 상대방이 경계하기 시작했을 때 크로스 스매시나 리버스 슬라이스 드롭를 치면 승부하기 쉽다.

35 왼손잡이 선수에 대응하기

▶ 슬라이스 드롭과 리버스 슬라이스 드롭를 경계한다

왼손잡이(사우스포) 선수의 가장 큰 특징은 슬라이스 드롭(커트)에서 셔틀콕의 회전이 오른손잡이 선수와 반대라는 것이다. 가령 왼손잡이가 슬라이스 드롭을 치면 오른손잡이가 리버스 슬라이스 드롭를 쳤을 때와 마찬가지로 궤도가 길어지기 쉽다. 반대로 왼손잡이의 리버스 슬라이스 드롭는 오른손잡이의 슬라이스 드롭처럼 날카롭게 떨어진다. 우선 이런 구질 차이를 이해하자.

그리고 시각적인 착각도 대응을 어렵게 만드는 요인이다. '리버스 슬라이스 드롭인데 궤도가 짧네!'라는 느낌은 왼손잡이 선수와 경기해 봐야만 알 수 있다. 왼손잡이와 맞붙을 때는 우선 이 원리를 기억하자.

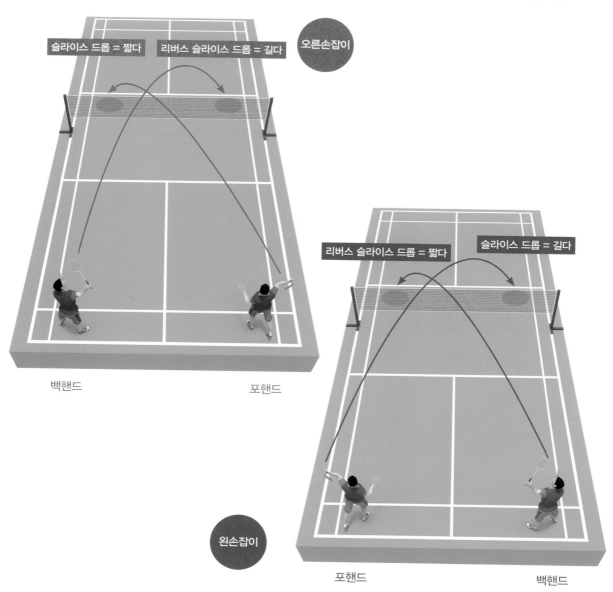

오른손잡이

슬라이스 드롭 = 짧다　　리버스 슬라이스 드롭 = 길다

백핸드　　　　포핸드

왼손잡이

리버스 슬라이스 드롭 = 짧다　　슬라이스 드롭 = 길다

포핸드　　　　백핸드

→ 이것이 상대방의 특기 패턴

슬라이스 드롭이나 리버스 슬라이스 드롭으로 승부한다

슬라이스 드롭(커트)이나 리버스 슬라이스 드롭가 특기인 왼손잡이 선수들은 슬라이스 드롭을 칠 수 있는 상황을 적극적으로 만든다. 드리븐 클리어나 낮은 언더 클리어 등 빠른 샷으로 코트 깊숙이 이쪽을 몰아넣고, 허술한 스트레이트로 셔틀콕을 띄우도록 유도해서 마지막에는 슬라이스 드롭이나 리버스 슬라이스 드롭로 승부하는 것이 특기 패턴이다.

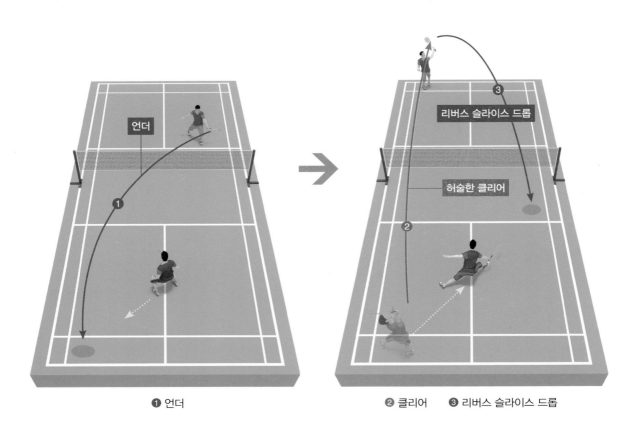

❶ 언더　　　**❷ 클리어**　**❸ 리버스 슬라이스 드롭**

 커트 스매시도 주의

왼손잡이의 커트 스매시는 빠른데다 궤도도 변화하므로 주의가 필요하다. 특히 왼손잡이가 라운드 쪽에서 크로스로 치는 스매시는 커트가 걸리면 아래로 떨어지기 쉬우므로 받아치기 매우 힘들다.

TACTICS

라운드 쪽에서 자세를 잘 잡고 치지 못하도록 한다

▼

TACTICS **포어 깊숙한 곳을 잘 이용한다**

Step
스트레이트로 낮은 언더 클리어

왼손잡이는 슬라이스 드롭(커트)을 이용한 공격이 특기다. 가능하다면 높은 타점에서 커트를 치지 못하도록 포어 깊숙한 곳을 중심으로 공격하자.

Step
빈 곳을 향해 반격한다

스트레이트로 허술한 샷이 돌아오면 빈 곳으로 낮게 셔틀콕을 보내자. 높은 타점에서 슬라이스 드롭이 걸린 샷을 치지 못하게 하면서 상대방에 맞는 전술을 쓴다.

❶ 낮은 언더 클리어

❷ 드라이브 ❸ 슬라이스 드롭

 낮은 언더 클리어의 높이를 주의

낮은 언더 클리어의 높이를 주의한다. 너무 높으면 상대방을 압박할 수 없고, 너무 낮으면 반대로 카운터가 돌아온다.

정리

왼손잡이 선수와 맞붙을 때는 구질과 궤도가 오른손잡이와 다르다는 사실을 기억한다. 상대방이 슬라이스 드롭이나 리버스 슬라이스 드롭를 쉽게 치지 못하도록 하면 상대방에 맞는 전술로 싸울 수 있다. 왼손잡이 선수들과 연습해서 독특한 슬라이스 드롭과 리버스 슬라이스 드롭에 익숙해지자.

3

복식의 전술

2대2로 싸우는 복식은 단식보다 랠리의 속도가 빠르다. 높은 속도로 펼쳐지는 샷의 흐름 속에서는 상대 팀이 어떻게 셔틀콕을 띄우도록 할지가 핵심이다.

　파트너와 협력해서 전술을 구사하며 기회를 만들자.

36 복식의 사고방식

▶ 상대방이 셔틀콕을 띄우도록 유도하는 속도전

승리의 4원칙

단식의 사고방식(44쪽 참고)에서 단식이란 나와 상대방을 알고 싸우는 정보전이라고 이야기했다. 그렇다면 복식은 어떨까? 2대2의 싸움은 한 명이 맡는 수비 범위가 좁기 때문에 랠리가 빨라져서 공격이 쉽지 않다. 그러므로 단식처럼 코트 네 모퉁이로 크게 전개하는 것이 좋다고는 할 수 없다.

또 복식에서는 파트너와의 호흡도 중요하기 때문에 단독 플레이로 흐르거나 파트너의 실수를 불평하기만 해서는 이기기 어렵다. 두 사람이 협력해서 상대방의 약점을 빠르게 공략해, 셔틀콕을 허술하게 띄우도록 만들어서 확실하게 승부하는 상황을 만드는 것이 승리의 지름길이다. 정리하면 다음과 같은 네 가지 사항을 복식의 승리 원칙이라고 할 수 있다.

제1원칙 가능한 한 아래에서 치게 유도해 주도권을 쥔다

복식에서 가장 많은 득점 패턴은 상대방이 셔틀콕을 허술하게 띄우도록 만들어서 받아치는 형태다. 그러므로 시합에서는 상대방이 가능한 한 아래에서 치도록 유도해서 주도권을 쥐는 전술이 필요하다. 그러기 위해서는 이쪽에서 셔틀콕을 띄우지 않고 가라앉히는 것이 효과적이다. 최고의 선수들이 쓰는, 언더(로브)를 절대 치지 않는 '노 언더' 전술은 이 사고방식에서 나온 것이다.

셔틀콕을 띄우지 않고 가라앉히려면 어떻게 해야 할까? 서비스할 때, 서비스 리시브를 할 때, 랠리 중으로 나누어 셔틀콕을 띄우기까지의 포인트(오른쪽 페이지 위)를 나타냈다. 복식은 전개가 빠르고 특히

남자 복식은 서비스 후 5타 이내의 랠리에서 득점하는 일이 많다. 그러므로 이른 단계에서 어떻게 셔틀콕을 띄우느냐가 승리의 열쇠가 된다.

그러나 노 언더 스타일은 빠른 풋워크와 샷 기술이 필요하므로 매우 어렵다. 일반 선수라면 셔틀콕을 가라앉히는 것만 고집하지 말고 확실하게 띄우는 작전도 섞는 것이 좋다. 공격력이 약한 선수라면 클리어로 상대방을 움직여서 일부러 공격을 유도하는 작전도 효과적이다. 남자라도 상대방의 공격이 강력하지 않다면 공격을 유도해서 카운터 리시브나 드라이브로 흐름을 주도하는 전개도 가능하다.

제2원칙 연속 공격한다

복식에서 중요한 것은 빠른 샷 한 방뿐만이 아니라 전위와 후위의 재빠른 연속 공격이다. 특히 전위에 결정력이 있으면 상대편에 위협이 된다. 빠른 스매시보다는 재빠른 터치를 이용한 연속 공격이 중요하다.

또 샷도 빠르게만 칠 것이 아니라 완급을 조절하며 공격하면 상대방의 움직임이 느려지기 쉬우므로 이쪽이 더 유리해진다.

■ 셔틀콕을 띄우도록 유도할 때까지의 포인트

서비스할 때
≫ 숏 서비스를 높이 띄우지 않는다. ≫ 준비하고 나서 셔틀콕을 치는 리듬을 매번 바꾼다. ≫ 숏을 치는 것처럼 보이도록 하면서 롱을 친다.

서비스 리시브를 할 때
≫ 가능한 한 높은 위치에서 친다. ≫ 매번 같은 코스로 받아치지 않는다. ≫ 자신의 타이밍을 의식하고 나서 준비한다.

랠리 중
≫ 빈 곳을 향해 친다. 　　　　≫ 전위를 지나 가라앉는 샷을 친다. ≫ 각도가 있는 샷을 친다.　　≫ 재빠른 터치로 상대편을 앞뒤로 움직인다. ≫ 공격의 리듬에 변화를 준다.　≫ 상대편의 샷 패턴을 기억한다.

제3원칙　상대편의 버릇을 파악한다

복식은 전개가 빠르기 때문에 몸에 밴 버릇이 자기도 모르게 나온다. 그러므로 상대편의 버릇을 빨리 파악하면 시합에서 우위를 점하기 쉽다. 특히 버릇이 나오기 쉬운 부분이 서비스와 서비스 리시브. 숏 서비스를 상대편 포어 쪽을 향해 페인팅을 이용해 푸시로 돌려 치거나, 서비스 직전에 치는 방향을 힐끗 보는 등 특징이 있는 선수들이 많다.

제4원칙　1+1 복식을 목표로

복식에서 잘 나타나는 나쁜 패턴이, 시합 중 같은 팀끼리 지켜야 할 규칙이 불확실해서 실점을 파트너의 탓으로 돌리는 것이다. 그 때문에 서로 말이 없어지거나, 말다툼을 하거나, 험악한 분위기로 시합을 해서 패배하는 경우가 의외로 많다.

그렇게 되지 않으려면 같은 팀끼리 규칙을 만들어 두는 것이 좋다. 두 사람 모두 오른손잡이라면 왼쪽으로 로테이션하기, 전위와 후위의 역할 정하기 등 기본적인 약속과 역할 분담을 명확히 하자. 또 정규팀이라면 나이를 신경 쓰지 않고 자신의 느낌과 생각을 이야기하는 것도 중요하다. 의사소통이 가능한 분위기를 만들어서 뛰어난 팀워크를 보여주자.

37 서버와 서비스 리시버가 서는 위치

> ◉ 어디라도 대처할 수 있는 위치에 서서 틈을 없앤다

1 서비스 시

숏 서비스가 네트에서 절대 높이 뜨지 않도록 치는 것이 복식에서는 무엇보다 중요하다. 그러므로 서비스는 서비스 라인 부근에서 치자. 파트너는 서비스가 높이 떠서 푸시가 돌아올 때 대응할 수 있도록 하프라인 근처에 서면 좋다.

위에서 본 시점

파트너는 서버보다 한 발 또는 한 발 반 뒤에서 준비하며 하프 사이드를 지켜본다.

파트너

하프 사이드 부분

Point

파트너는 하프 사이드를 주의

파트너가 너무 뒤로 물러나면 서비스가 하프 사이드로 돌아왔을 때 대응이 늦어지므로 주의한다.

서로 의사소통하자

서비스의 롱/숏뿐만이 아니라 그 후 포어/백 중 어느 범위를 의식하고 준비할 것인지 파트너와 이야기해두면 좋다.

파트너의 위치도 중요

파트너는 서버보다 한 발이나 한 발 반 뒤에서 준비한다. 상대편의 공격 패턴이 포어 쪽에 많으면 포어 쪽에 미리 다가가는 등 미세 조정한다.

2 서비스 리시브 시

서비스 리시버는 앞쪽 센터에 선다. 상대편이 롱 서비스를 많이 친다면 조금 뒤에 선다. 파트너는 롱 서비스가 올 때 서비스 리시버의 움직임을 방해하지 않을 위치를 유지한다.

위에서 본 시점

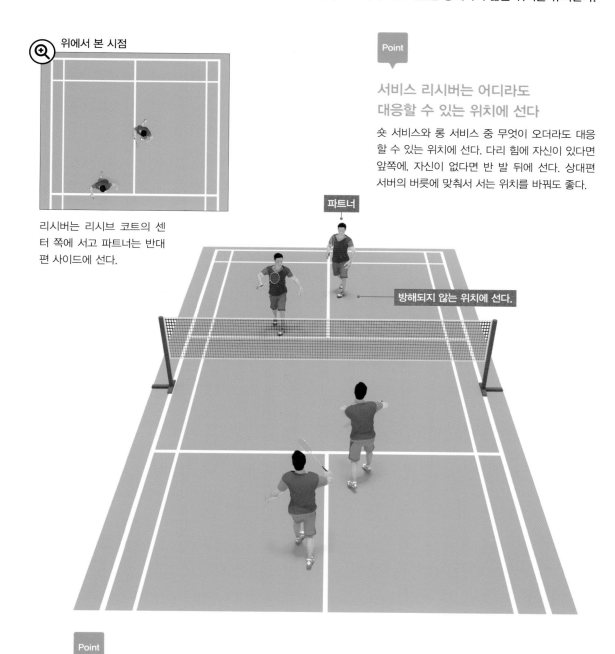

리시버는 리시브 코트의 센터 쪽에 서고 파트너는 반대편 사이드에 선다.

파트너

방해되지 않는 위치에 선다.

Point

서비스 리시버는 어디라도 대응할 수 있는 위치에 선다

숏 서비스와 롱 서비스 중 무엇이 오더라도 대응할 수 있는 위치에 선다. 다리 힘에 자신이 있다면 앞쪽에, 자신이 없다면 반 발 뒤에 선다. 상대편 서버의 버릇에 맞춰서 서는 위치를 바꿔도 좋다.

Point

파트너는 다음과 같은 위치에 선다

롱 서비스가 올 때 리시버의 진로를 방해하지 않도록, 서비스 공간 내에 발을 들여놓지 않는다. 리시버가 서비스를 받아치고 나면 그 코스를 보고 다음에 설 위치를 정한다. 리시버가 롱 서비스를 받은 경우는 전위에 들어가기도 한다.

38 '공격'의 기본 포메이션

▶ 톱&백으로 철저히 공격한다

1 톱&백

전위와 후위가 세로로 나란한 진형을 '톱&백'이라고 한다. 공격할 때의 기본 위치이며, 이 포메이션이 유지되도록 랠리를 한다.

후위의 역할
공격으로 득점&리시브를 허술하게 띄우도록 유도

스매시나 슬라이스 드롭(커트), 드롭으로 득점을 노린다. 또는 전위가 득점하도록 샷을 친다. 한 방에 승부를 보는 것이 아니라 빨리 다음 준비를 해서 연속 공격한다고 생각한다.

후위 유형이란?

코트 뒤쪽에서도 득점할 수 있는 공격력을 갖추고, 전위가 받아내지 못한 샷을 광범위하게 받아낼 수 있는 코트 방어 능력을 갖춘 선수가 적합하다.

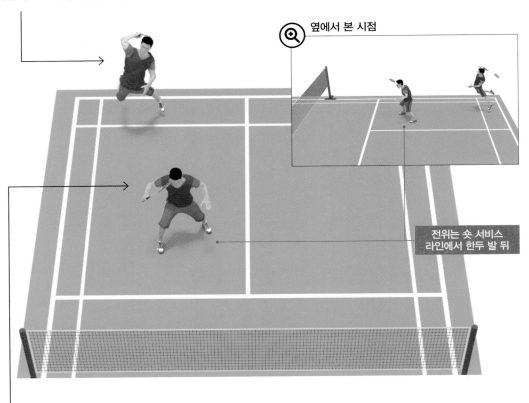

옆에서 본 시점

전위는 숏 서비스 라인에서 한두 발 뒤

전위의 역할
푸시로 득점&떨어지는 샷으로 띄우기 유도

허술한 샷을 푸시해서 득점하거나, 상대편의 움직임을 보고 셔틀콕을 띄우도록 유도한다. 상대편을 압박해서 네트 앞으로 셔틀콕을 쉽게 보내지 못하도록 한다.

전위 유형이란?

상대편의 포메이션이나 움직임을 넓은 시야로 보고 상대편의 샷을 빠르게 읽어내 공격할 수 있는, 두뇌 회전이 빠른 선수가 적합하다.

2 로테이션
(오른손잡이 팀)

전위와 후위가 번갈아가며 나와, 샷이 어디로 와도 받아칠 수 있는 진형을 만드는 것을 '로테이션'이라고 한다. 오른손잡이끼리 한 팀일 때는 가능한 한 톱&백이 유지되도록 왼쪽으로 도는 것이 기본이다.

포어 쪽에서 공격한 뒤의 로테이션

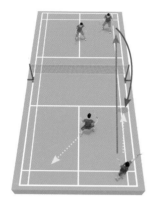

상대방이 스트레이트로 받아친 경우

후위가 앞으로 나와 공격 포메이션을 형성한다. 이때 전위는 뒤로 로테이션 해 앞쪽 공간을 비운다.

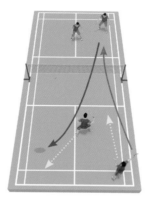

상대방이 크로스로 받아친 경우

전위가 뒤로 물러나 공격 포메이션을 형성한다. 이때 후위는 앞으로 나와 네트 앞을 지킨다.

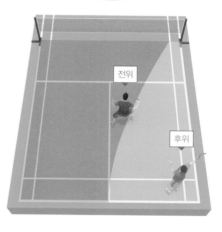

전위와 후위의 담당 범위

백 쪽에서 공격한 뒤의 로테이션

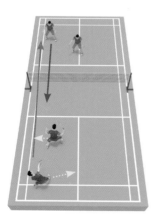

상대방이 스트레이트로 받아친 경우

전위가 왼쪽으로 이동해 공격을 저지한다. 후위는 센터라인에 서 크로스 쪽의 반격을 대비한다.

상대방이 크로스로 받아친 경우

후위가 오른쪽으로 이동해 크로스 코스에 대응한다. 크로스 헤어핀이 전위가 서포트한다.

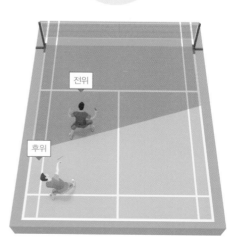

전위와 후위의 담당 범위

39 '수비'의 기본 포메이션

▶ 사이드 바이 사이드로 지켜낸다

1 사이드 바이 사이드

전위와 후위가 옆으로 늘어선 진형을 '사이드 바이 사이드'라고 한다. 수비할 때의 기본 위치다. 로브나 클리어를 쳤을 때 반드시 이 진형을 만든다.

Point

치는 사람을 정점으로 이등변삼각형을 만든다

셔틀콕을 치는 상대편 선수를 정점으로 삼아, 두 사람이 밑변이 되는 이등변삼각형을 그리듯 선다. 양옆으로 늘어선다고 해도 실제로는 셔틀콕을 치는 사람 쪽에서 봤을 때 크로스 쪽 사람이 조금 앞에 있다.

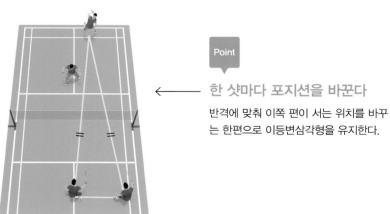

Point

한 샷마다 포지션을 바꾼다

반격에 맞춰 이쪽 편이 서는 위치를 바꾸는 한편으로 이등변삼각형을 유지한다.

2 '빠르게' 지킨다

일방적으로 공격당하는 상황에서도 상대방의 반격을 빠르게 받아낼 수 있는 위치에 서 있으면 공수가 역전될 가능성이 있다. 리시브 시에는 너무 많이 물러나지 말자.

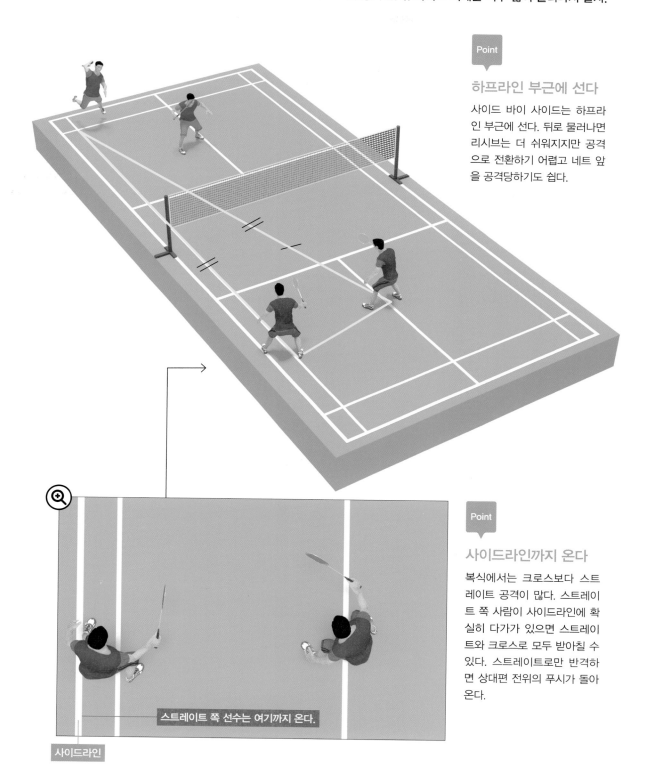

스트레이트 쪽 선수는 여기까지 온다.

사이드라인

하프라인 부근에 선다

사이드 바이 사이드는 하프라인 부근에 선다. 뒤로 물러나면 리시브는 더 쉬워지지만 공격으로 전환하기 어렵고 네트 앞을 공격당하기도 쉽다.

Point

사이드라인까지 온다

복식에서는 크로스보다 스트레이트 공격이 많다. 스트레이트 쪽 사람이 사이드라인에 확실히 다가가 있으면 스트레이트와 크로스로 모두 받아칠 수 있다. 스트레이트로만 반격하면 상대편 전위의 푸시가 돌아온다.

40 숏 서비스로 흐름을 주도

▶ 숏 서비스는 세 코스를 중심으로 나누어 친다

1 숏 서비스의 기본 세 코스

복식에서는 가능한 한 네트에서 높이 뜨지 않는 숏 서비스를 주로 친다. 이때 활용하면 좋은 세 가지 코스가 있다.

A

비거리와 공중에 머무르는 시간이 짧고 금방 가라앉기 때문에 상대편이 높은 타점에서 받아치기 어렵다.

B

궤도와 효과는 A 와 거의 같다. 변형으로서 익혀두면 좋다.

C

비거리는 길지만 상대편에서도 멀어지기 때문에 태세를 무너뜨리기 쉽다.

2 ~ 를 나누어 친다

숏 서비스를 어디로 치느냐에 따라 리시브와 게임 전개도 달라진다. 우선 나누어 치는 연습을 열심히 하자.

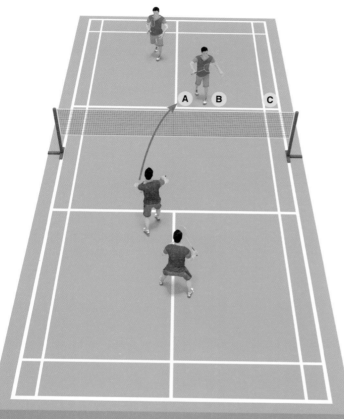

반대 사이드에서도 A 와 B 를 나누어 친다.

Point

A 를 중심으로 친다

상대편이 높은 타점으로 받기 어렵기 때문에 수비하기 쉬운 편이다. 서비스에서 기본 중의 기본.

Point

B 는 리시브하기 어려움을 이용

A 를 중심으로 치다가 갑자기 B 로 서비스하면, A 를 대비하던 태세에서 리시브하기 어려우므로 반격이 허술해질 가능성이 있다.

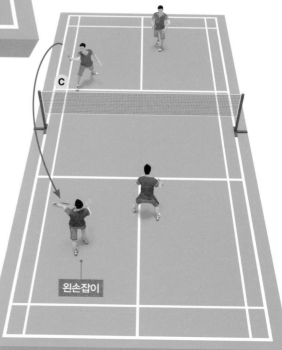

왼손잡이

Point

C 는 옵션으로 사용

몸에서 먼 위치로 쳐서, 상대편의 대응이 늦어지면 스트레이트 반격으로 좁힐 수 있다. 파트너가 왼손잡이이고 오른쪽에서 서비스할 때 특히 효과적이다.

41 롱 서비스로 흐름을 주도

▶ 롱 서비스는 상대편의 태세를 무너뜨리는 것이 목적이다

1 롱 서비스

롱이라는 사실을 숨기고 쳐서 상대편이 좋은 자세로 반격하지 못하도록 하는 것이 롱 서비스의 기본이다. 단조로운 흐름을 바꾸는 데에도 쓸 수 있다.

타이밍을 우선시한다

상대편이 좋은 자세로 치지 못하도록 하는 데 중요한 것은 치는 타이밍이다. '롱이 오겠구나.'라고 상대편이 예상하지 못하도록 하는 것이 가장 중요하다. 롱을 칠 것이라는 티를 내지 말자.

위력 없는 스매시를 유도한다

롱 서비스를 효과적으로 치면 상대편은 셔틀콕 밑에 늦게 들어가므로 드롭이나 클리어밖에 치지 못한다. 설령 상대편이 스매시를 쳐도, 늦게 치면 위력이 없으므로 랠리를 유리하게 끌고 나가기 쉽다.

너무 높은 서비스는 금물

상대편의 예측을 벗어난 롱 서비스를 쳐도, 서비스가 너무 높으면 상대편은 좋은 자세로 받아칠 수 있다. 높이와 코스를 유의하며, 쉽게 강타할 수 없는 절묘한 서비스를 치자.

2 코스

롱 서비스는 센터라인보다 포어 깊숙한 곳을 향해 치는 것이 효과적이다.

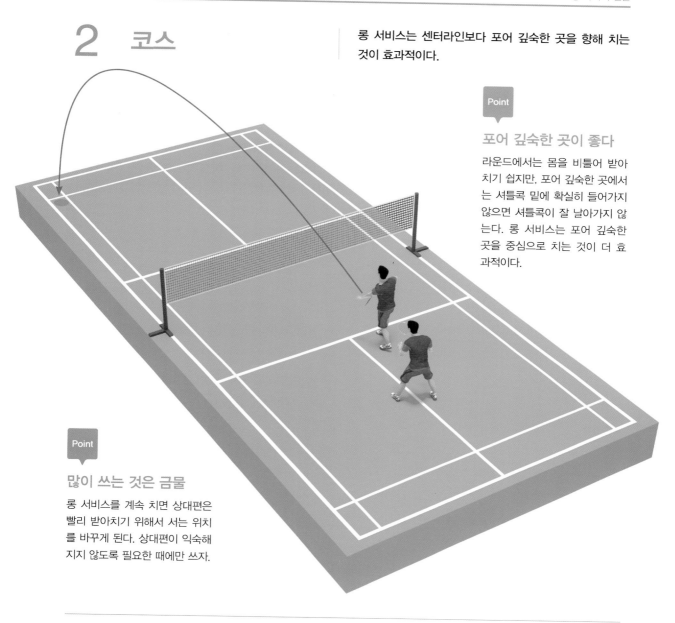

Point

포어 깊숙한 곳이 좋다

라운드에서는 몸을 비틀어 받아 치기 쉽지만, 포어 깊숙한 곳에서는 셔틀콕 밑에 확실히 들어가지 않으면 셔틀콕이 잘 날아가지 않는다. 롱 서비스는 포어 깊숙한 곳을 중심으로 치는 것이 더 효과적이다.

Point

많이 쓰는 것은 금물

롱 서비스를 계속 치면 상대편은 빨리 받아치기 위해서 서는 위치를 바꾸게 된다. 상대편이 익숙해지지 않도록 필요한 때에만 쓰자.

3 마음가짐

숏 서비스가 아웃되거나 높이 뜨는 일이 계속되면 도망친다는 느낌으로 롱 서비스를 치는 선수들이 있다. 그러나 그런 약한 마음은 상대편에 간파당하기 쉽다. '숏에 실패했으니까.'라는 생각이 아니라 '이 한 방으로 점수를 딴다.'는 강한 마음가짐으로 롱 서비스를 치자.

 롱을 친다는 티를 내지 않는다

롱 서비스를 칠 때 숏 서비스와 자세가 다르지 않은지 주의한다. 롱을 치기 전에는 라켓을 크게 뒤로 빼기 쉽다. 코트 뒤쪽에 시선을 주지 않는지, 자신의 버릇을 아는 것도 중요하다.

42 서비스 리시브로 흐름을 주도: 숏

▶ 숏 서비스의 반격 코스는 아홉 가지다

1 후위가 받게 한다

후위가 언더핸드로 받도록 치는 것이 서비스 리시브의 기본 코스다. 적극적으로 점수를 노리기 좋은 부분이기도 하다. 다만 상급자에게 강하게 치면 카운터로 역공당하기 쉬우므로 주의하자.

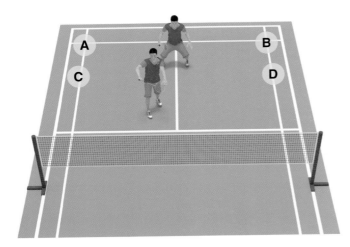

정석 코스 A B

가장 정석인 코스는 코트 뒤쪽으로 돌려주는 A 와 B 다. 상대편 서비스가 높이 떠서 빠른 터치로 칠 수 있는 경우, A 나 B 로 치기만 해도 득점하기 쉽다.

태세를 무너뜨린다 C D

두 사람 사이를 빠른 터치로 노리면 상대편의 태세를 무너뜨릴 수 있으므로 그 다음에 에이스를 노리기 쉽다.

2 전위가 받게 한다

상대편이 익숙해지거나 실력이 좋을 때는 기본 코스인 A ~ D 만으로는 승부하기 쉽지 않다. 그럴 때 E ~ G 를 쳐서 서버가 셔틀콕을 높이 띄우게 하는 전술을 추가하자. 네트 미스를 하거나 푸시를 당하지 않도록 주의한다.

E 가 노리기 쉽다

재빨리 네트 앞으로 떨어뜨려 상대편이 셔틀콕을 띄우도록 하는 것이 목적이다. 빠른 샷을 상대편 코트에 떨어뜨리는 E 는 노리기 쉬운 코스다.

F 와 G 는 옵션으로 쓴다

F 와 G 는 상대편에 빈 곳을 만들기 쉬워서 효과적이지만, 라켓 면을 조절하기 어렵기 때문에 실수하기 쉽다. 남발하지 말고 신중하게 쓰자.

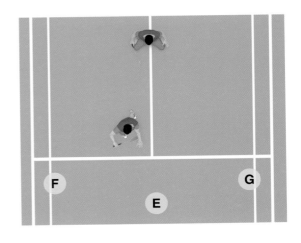

3 몸 쪽으로 친다

서버 또는 그 파트너의 몸을 향해 셔틀콕을 쳐서, 상대편이 높이 띄우도록 유도하는 코스다. 상대편의 대응이 조금이라도 늦는다면 이쪽이 주도권을 쥘 기회다.

서버를 향해 친다 H

기본 코스 A ~ D 를 칠 수 있게 되면 그 다음으로 연습하기에 좋은 코스다. 서비스 리시버와의 거리가 짧기 때문에 상대편이 셔틀콕을 띄우도록 유도하기 쉽다.

파트너를 향해 친다 I

초반에 이 위치로 쳐서 효과가 있는지 시험해보는 것도 좋다. 상대편이 몸 주변 샷을 잘 처리하지 못한다면 적극적으로 노리자. 잘 처리하는 경우는 카운터가 돌아오기 쉬우므로 피한다.

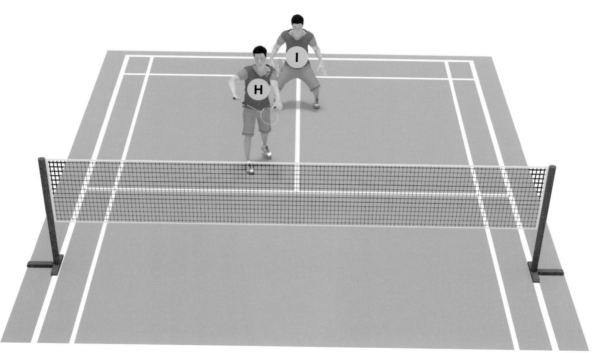

Point

받아치기 어려운 곳을 노린다

몸 쪽을 노릴 때 중요한 것은 얼마나 리시브하기 어려운 곳으로 치느냐다. 라켓을 쥔 쪽의 어깨 부근을 노리자.

서버 쪽이 생각해야 할 것

서비스 리시브는 이 아홉 곳으로 치는 경우가 많다. 다만 상급자라도 서비스 리시브의 코스에는 편향이 생기기 쉽다. 초반에 어떤 코스가 많은지 반드시 기억해두자.

43　서비스 리시브로 흐름을 주도: 롱

▶ 롱 서비스의 반격 샷은 세 종류

1　스매시

롱 서비스를 받아칠 때는 서버에게 스매시를 치는 것이 기본이다. 모처럼 생긴 기회를 놓치지 말고 적극적으로 공격하자. 숏 서비스만 의식하고 있으면 허를 찔리기 쉬우므로, 언제 롱 서비스가 와도 대처할 수 있도록 준비한다.

Point

서버가 뒤로 물러날 때 친다

상대편은 롱 서비스 뒤에 반드시 공격에 대비해 사이드 바이 사이드로 선다. 이때 서버는 뒤로 물러나므로, 물러날 때 치면 셔틀콕이 허술하게 위로 뜨기 쉽다.

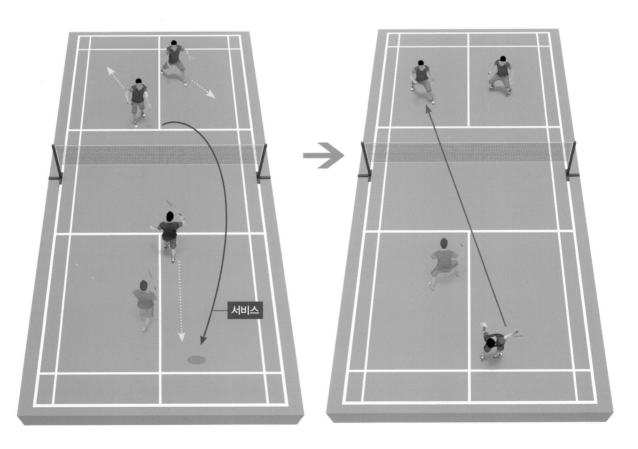

서비스

2 드롭

상대편이 사이드 바이 사이드로 서 있고 서버가 뒤로 물러났을 때는, A로 드롭을 치면 허술하게 뜬 샷이 돌아오기 쉽다. B를 노리는 것도 서버 앞에 떨어뜨릴 수 있으므로 효과적이다.

Point

어려운 상황일 때도 잘 조절한다

뒤로 물러나면서 드롭을 네트 위로 높이 뜨지 않게 치는 일은 쉽지 않다. 확실하게 발을 움직이며 빨리 셔틀콕을 받아내자.

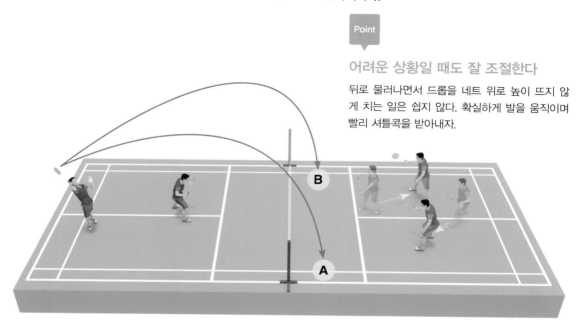

3 클리어

롱 서비스에 대한 대응이 늦어져서 도저히 공격할 수 없는 경우가 있다. 그럴 때는 클리어를 확실하게 깊숙이 보내자. 치고 난 뒤에는 반드시 사이드 바이 사이드로 선다.

Point

클리어는 최후의 수단

복식에서는 클리어를 친 시점에서 다시 수비부터 시작해야 하므로, 가능한 한 최후의 수단으로 쓰자.

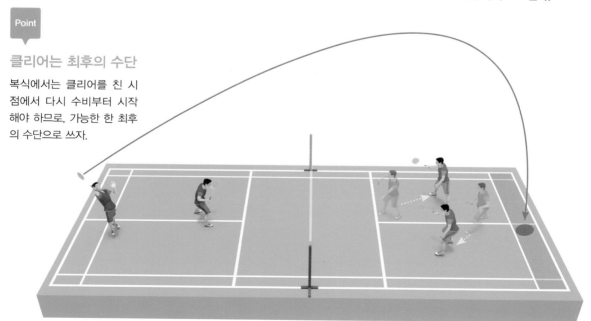

44 스매시는 스트레이트가 기본

▶ 전위가 샷을 받아내기 쉬운 상황을 만든다

1 백 쪽에서 오는 공격

톱&백 진형에서 후위가 스매시로 공격할 때 기본 코스는 스트레이트라고 생각하자. 스트레이트로 치면 상대방의 반격을 전위가 받아내기 쉽다. 그러나 크로스로 쳐서 스트레이트가 돌아오면 전위가 받아내기 어려워진다. 후위는 크로스로 치면 다음 샷을 자신이 받으러 간다는 생각으로 준비해야 한다.

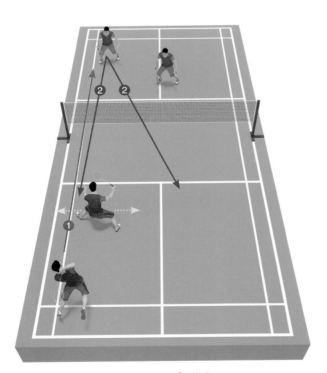

❶ 스매시 ❷ 리시브

❶ 스매시 ❷ 리시브

 스트레이트로 공격한다

전위가 득점하기를 바란다면 스매시를 스트레이트로 친다. 상대방의 반격이 크로스로 와도 전위가 충분히 받아낼 수 있다. 전위는 왼쪽으로 도는 로테이션을 유지하기 위해 스트레이트 드라이브를 확실히 블록하도록 의식한다.

 크로스로 공격한다

스매시를 크로스로 쳐서 스트레이트로 돌아온 경우 전위는 받아내기 어렵다. 후위가 직접 받기 어려운 경우는 왼쪽 로테이션을 유지하기 위해 스트레이트 반격에 빠르게 대응하자.

2 포어 쪽에서 오는 공격

포어 쪽에서 스매시로 공격이 올 때도 스트레이트가 기본이다. 이유는 백 쪽에서 공격하는 경우와 마찬가지지만 한 가지 이유가 더 있다. 포어 쪽에서 크로스로 치면 반격당했을 때 백핸드로 대응해야만 한다. 그렇게 되면 포핸드보다 공격력이 떨어져서 형세를 역전당할 가능성이 높아진다.

❶ 스매시　❷ 리시브

❶ 스매시　❷ 리시브

 스트레이트로 공격한다

전위는 반격을 받아내기 쉬워서 결정력도 높다. 상대방 리시브의 스트레이트를 노리는 경우와 크로스를 노리는 경우 후위의 움직임도 달라진다. 서는 위치를 통해서 둘 중 무엇을 노릴지 확실하게 의사 표시를 하자.

 크로스로 공격한다

크로스로 친 스매시를 반격당하면 전위와 후위 중 어느 쪽이 받든 백핸드로 받아야 한다. 전위가 뚫리면 후위가 어렵게 백핸드를 쳐야 하므로 수세에 몰리기 쉽다.

45 센터 공격에서 노릴 부분

▶ 센터 공격의 세 가지 포인트

1 사이드 바이 사이드의 약점

센터 공격은 상대편 두 명의 사이를 노려 리시브를 망설이게 하는 샷이다. 상대편은 서로 눈치를 보다가 노터치가 되거나 라켓을 서로 부딪친다. 기본적으로는 두 명과 서로 거리가 똑같은 지점(빨간 선 위)을 노린다.

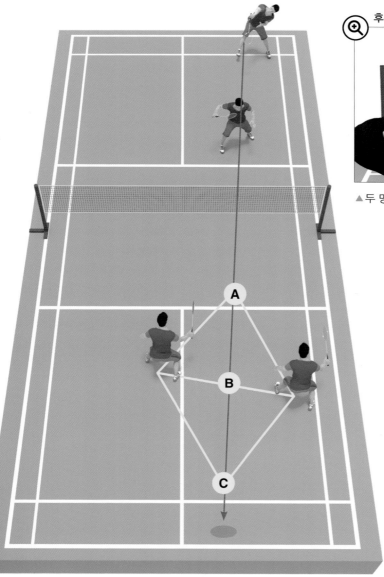

후위에서 본 시점

▲두 명 사이로 친다.

Ⓐ 드롭

연속 공격으로 상대편 두 명의 리시브 위치가 낮아졌을 때 치면, 서로 눈치를 보거나 라켓이 부딪치기 쉽게 된다.

Ⓑ 스매시

센터 공격의 기본이 되는 샷. 상대편이 리시브하는 경우, 리시브가 약한 선수 쪽에 가까운 코스로 치면 더 유리한 전개가 되기 쉽다.

Ⓒ 클리어

여자나 시니어 경기에서는 클리어도 유효타이다. 상대편의 움직임이 느리거나 지쳐 있을 때 드롭을 섞어서 치면 효과적이다.

2 상대편이 수평으로 늘어서 있을 경우

사이드 바이 사이드는 기본적으로 수평이 아니라 조금씩 앞뒤로 서는 경우가 많지만, 가끔 수평으로 서는 경우가 있다. 그럴 때야말로 센터를 노리면 승부하기 쉽다.

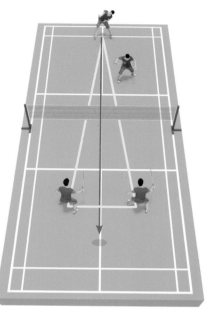

Point

센터로 언더(로브)를 친 상대편은 수평으로 서기 쉽다

센터로 언더(로브)가 올라온 상황에서 상대편의 포메이션은 수평이 되기 쉽다. 이 상황에서 센터를 공격하면 상대편은 둘 중 누가 받을지 망설이게 된다.

46 전위는 시합을 만든다

▶ 흐름을 컨트롤해 시합을 유리하게 이끈다

1 전위는 압박을 가한다

전위는 상대편 코스를 읽어내서 득점하는 것은 물론, 상대편의 샷이 조금이라도 높이 뜨면 푸시하겠다는 압박을 가하는 것도 중요하다. 상대편이 쉽게 네트 앞에 셔틀콕을 떨어뜨리지 못하고 언더(로브)를 칠 수밖에 없는 상황을 만들자.

Point

'친다!'라는 분위기만으로 충분하다

전위가 앞으로 나올 때, 실제로는 푸시에 자신이 없더라도 상대편 앞으로 재빨리 이동해 준비하자. 상대편이 하프나 언더를 치면 후위에게 맡긴다.

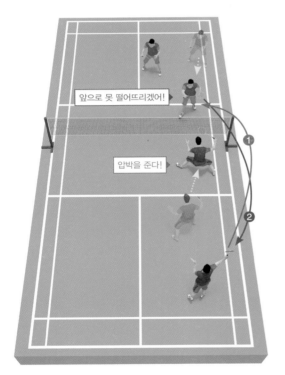

앞으로 못 떨어뜨리겠어!

압박을 준다!

❶ 드롭　❷ 언더

GOOD

후위의 드롭을 재빨리 감지해 앞으로 나온다

전위는 뒤쪽을 거의 보지 않으므로, 후위의 샷은 타격음이나 상대편 움직임 등으로 판단해서 드롭을 친 쪽의 앞으로 나온다.

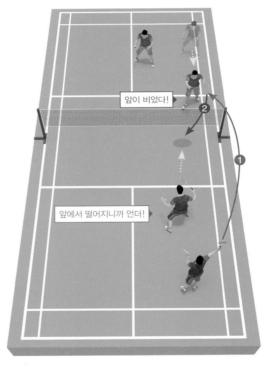

앞이 비었다!

앞에서 떨어지니까 언더!

❶ 드롭　❷ 언더

NG

후위의 드롭을 감지하지 못해 움직이지 않는다

전위가 드롭에 맞춰 앞으로 나오지 않았기 때문에, 상대편이 헤어핀(네트 샷)을 쳐서 이쪽이 쉽게 언더를 띄워 주는 바람에 공수 교대가 이루어지고 만다.

2 전위는 과감하게 예측한다

전위는 상대편의 버릇을 파악하고 나면 이쪽이 공격 샷이나 유도 샷을 친 후 과감하게 움직여서 카운터를 노리자. 예측이 들어맞으면 상대편은 드라이브나 낮은 리시브밖에 칠 수 없게 된다.

Point

상대편이 치기 전에 역할 분담을 한다

상대편이 치기 전에 전위가 앞으로 움직였을 때 예측이 틀리더라도, 후위는 전위가 먼저 움직인 순간 자신이 수비할 범위를 알게 되므로 비교적 수비하기 쉽다.

이쪽이 친 직후에 움직인다.

스트레이트를 막는다!

크로스는 내가!

❶ 푸시

스트레이트로 돌아왔다!

상대방이 치고 나서 움직인다.

누가 받지?

❶ 푸시 ❷ 리시브

GOOD **이쪽이 친 직후에 움직여서 준비한다**

상대편의 버릇을 파악하고 나면 이쪽이 샷을 친 직후 그 다음에 올 것 같은 코스로 움직여 준비하자. 일찍 준비하면 빠른 샷에도 대응하기 쉽다.

NG **상대편이 친 직후에 움직여서 친다**

상대편이 치고 나서 움직이려고 하면 빠른 샷에 대응이 늦는 경우도 많고, 결과적으로 같은 편 후위가 망설이게 된다. 단식 선수에게 흔한 실수다.

47

몸 주위를 집중해서 노린다

▶ 몸 주위의 리시브하기 어려운 곳을 연속으로 공격한다

단식에서는 상대방이 선 곳에서 멀리 떨어진 빈 공간을 흔히 노리지만, 스트레이트 공격이 기본인 복식에서는 정면에 있는 선수의 몸 주위를 노리는 것이 효과적이다.

상대편은 빠른 샷이 몸 주위로 오는 것만으로도 리시브하기 어렵다. 또 몸 쪽 백 코스와 포어 코스로 바꿔 가며 연속 공격하면 마음대로 반격할 수 없게 된다.

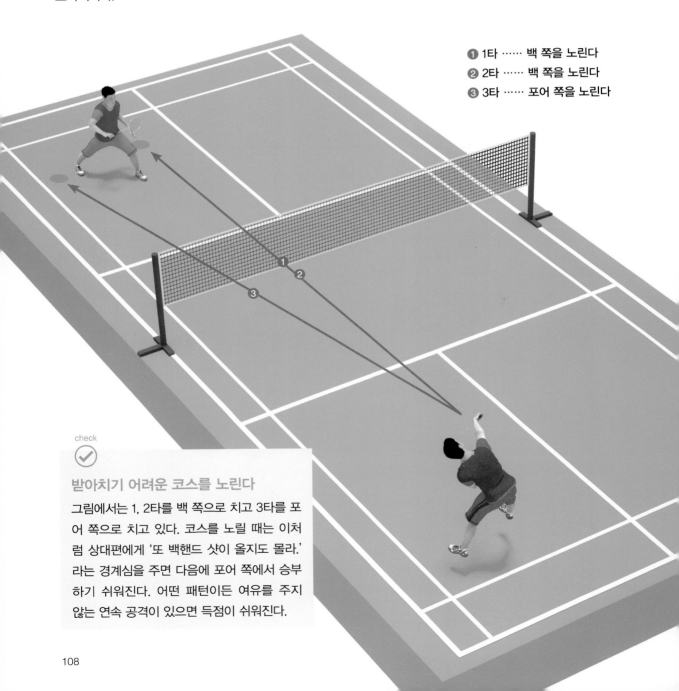

❶ 1타 …… 백 쪽을 노린다
❷ 2타 …… 백 쪽을 노린다
❸ 3타 …… 포어 쪽을 노린다

check

✓

받아치기 어려운 코스를 노린다

그림에서는 1, 2타를 백 쪽으로 치고 3타를 포어 쪽으로 치고 있다. 코스를 노릴 때는 이처럼 상대편에게 '또 백핸드 샷이 올지도 몰라.'라는 경계심을 주면 다음에 포어 쪽에서 승부하기 쉬워진다. 어떤 패턴이든 여유를 주지 않는 연속 공격이 있으면 득점이 쉬워진다.

48 어깻죽지 세로선을 공격한다

▶ 어깻죽지 세로선 공격으로 상대편을 망설이도록 만든다

몸 주위에서도 특히 리시브의 약점이 되기 쉬운 것이 라켓을 든 쪽의 어깻죽지와 거기서 이어지는 세로선이다. 셔틀콕이 세로선상으로 오면 포핸드와 백핸드 대응이 모두 가능하기 때문에 어떻게 받아칠지 망설이게 되는데다. 팔을 늦게 휘두르기 쉽다.

108쪽에서 해설한 공격 방법에 세로선을 결합하면 결정률도 높아질 것이다. 다만 빗나가서 몸 정면으로 치게 되면 카운터가 들어오므로 정확성이 중요하다. 또 여기서 보여주는 공격법은 어디까지나 하나의 예시이므로 자신에게 맞는 패턴을 찾자.

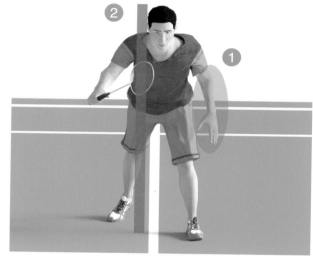

어깻죽지 세로선을 노린 공격법 1

❶ 백 쪽
❷ 어깻죽지 세로선

어깻죽지 세로선을 노린 공격법 2

❶ 1타 ······ 낮게 노린다
❷ 2타 ······ 낮게 노린다
❸ 3타 ······ 높게 노린다(백 아웃을 주의)

49 후위가 있는 곳에 연속해서 치지 않는다

▶ 후위를 크게 이동시키는 것이 정석

복식에서 상대편의 샷은 스트레이트를 중심으로 온다고 102쪽에서 설명했다. 그렇다면 그 스트레이트를 어떻게 받아칠 것인가. 사고방식의 기본은 후위가 받아치기를 바란다면, 같은 곳으로 연속해서 언더(로브)를 치지 않는 것이다.

상대편이 스트레이트로 친 샷을 다시 한 번 같은 곳으로 받아친다면, 상대편은 이동하지 않기 때문에 다음 준비가 빨라서 더 높은 타점에서 강하게 공격할 수 있다. 그것을 막기 위해서는 크로스로 받아쳐서 후위를 이동시켜야 한다.

다만 후위를 이동시킬 때는 상대편 전위가 칠 수 없는 높이와 코스로 쳐야 한다.

왼쪽에서 공격이 올 경우
❶ 스매시　■ 노리는 영역

check

상대편의 실력을 파악한다

그림에 나타낸 영역을 노리는 것이 기본이지만, 상대편의 실력이 좋다면 더 어려운 코스를 노릴 필요가 있다. 반대로 상대편의 움직임이 느리다면 다소 쉬운 코스라도 잘 반격당하지 않는다. 상대편의 실력에 따라 코스를 결정하자. 또 상대편에 왼손잡이가 있으면 노리는 영역이 달라지므로 주의한다.

check

상대편의 공격 위치에 따라서 노리는 영역이 달라진다

왼쪽으로 도는 로테이션이므로 코트 오른쪽에서 공격이 오느냐 왼쪽에서 오느냐에 따라 노리는 위치가 달라진다.

오른쪽에서 공격이 올 경우
❶ 스매시　■ 노리는 영역

50

크로스 리시브를 연마한다

▶ 전위에 막히지 않도록 확실히 올려친다

110쪽에서 이야기한 것과 같이 크로스 리시브는 복식에서 이기는 데에 중요한 수단이다. 그러나 많은 사람들은 기초 타법을 반코트에서 연습하기 때문에 크로스를 확실히 리시브하는 데에 익숙하지 않다. 가령 크로스로 쳐도 전위가 받아내는 높이로만 친다면 카운터가 돌아오고 말 것이다. 평소부터 크로스로 확실히 리시브하는 연습을 하자.

그때 서 있는 위치가 ④이든 ⑧이든 크로스로 리시브할 수 있도록 한다. 그리고 ⑧에서는 포핸드와 백핸드 모두 칠 수 있도록 연습하면 좋다.

check
✓

⑧에서 받아칠 때는 난이도가 높다

⑧에서 크로스 리시브를 할 때는 ④보다 난이도가 높다. 포핸드와 백핸드 모두 크로스 리시브로 칠 수 있도록 하자.

포핸드의 패턴

전위에 막히지 않는 높이로 친다.

Ⓐ

Ⓑ

51 전위는 셔틀콕이 통과한 쪽으로 움직인다

▶ **후위가 친 샷이 자신의 옆을 통과한 직후에 움직인다**

톱&백에서 전위가 공격한 후 상대편의 반격을 전위가 빠르게 받아치면 득점할 가능성이 높아진다. 그런 상황을 만들기 위해 전위는 상대방이 치기 전에 셔틀콕이 날아올 방향을 예측해서 움직이기 시작하는 것이 중요하다. 움직일 방향을 예상할 근거는 후위가 친 샷이 자신의 포어 쪽과 백 쪽 중 어디를 통과하느냐다. 시야에 셔틀콕이 들어온 순간, 셔틀콕이 통과한 쪽으로 움직이기 시작하자.

상대편이 치고 나서 움직이기 시작하는 단식과 크게 다른 점이다. 설령 예측이 빗나가도, 다른 영역들은 후위가 수비해주므로 전위는 빠른 샷을 받아치는 일을 우선시하며 과감하게 움직일 수 있다.

후위가 스트레이트로 친 경우

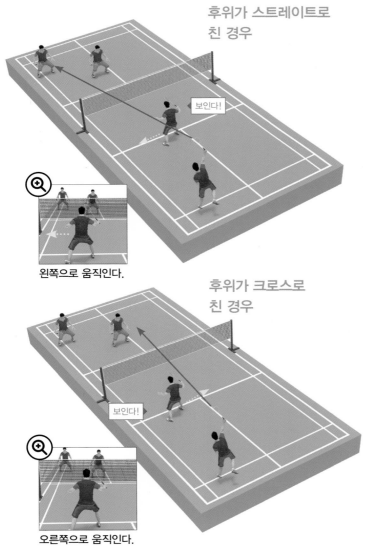

보인다!

왼쪽으로 움직인다.

후위가 크로스로 친 경우

보인다!

오른쪽으로 움직인다.

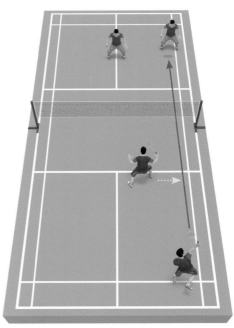

⚠ **포어 쪽은 주의**

포어 앞쪽은 전위가 받아치러 갈 것인지 후위가 앞으로 나올 것인지 미리 합의하는 것이 철칙이다. 다만 포어 쪽에 있을 때 전위가 오른쪽에 치우쳐 있고 크로스가 크게 돌아오면 후위가 받으러 가야만 하므로 '로테이션은 왼쪽 방향으로!'라는 이론이 무너진다.

52 리시브를 받아치는 코스를 기억한다

▶ 스트레이트 쪽으로만 받아칠 수 있는 자세를 판별한다

상대편의 몸 쪽으로 파고드는 샷을 쳤을 때, 다음 샷의 코스는 대체로 정해져 있다. 그 경우 상대편의 자세와 반격 코스를 기억해두자. 상대편을 몰아넣고 나면 재빨리 샷을 쳐서 랠리에서 득점을 노리자.

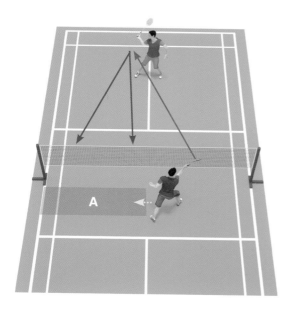

Ⓐ로 돌아오는 경우가 많은 리시브 자세

상대편이 포어 쪽에서 몸보다 뒤쪽이나 몸 정면 샷을 받아치면 Ⓐ로 오는 경우가 많다.

포어 쪽 리시브 자세의 예

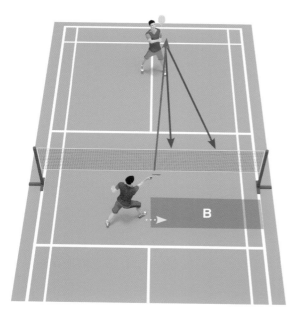

Ⓑ로 돌아오는 경우가 많은 리시브 자세

상대편이 백 쪽에서 몸보다 뒤쪽이나 몸 정면 샷을 받아치면 Ⓑ로 오는 경우가 많다.

백 쪽 리시브 자세의 예

53 푸시 높이에서 블록으로 대응

▶ 상대편이 칠 코스를 파악하고 앞쪽으로 블록한다

네트 앞쪽에 뜬 셔틀콕을 보면 푸시로 득점하고 싶어진다. 그러나 푸시를 상대편이 리시브하면 빠르게 돌아오는 만큼 위험도 커진다.

　그러므로 푸시를 칠 수 있는 높이에서도 일부러 앞쪽에 떨어뜨리는(블록) 대응을 다양하게 준비하자.

푸시뿐만이 아니라 블록으로 떨어뜨릴 가능성이 있음을 상대편에게 보여주면, 상대편의 리시브가 흐트러지기 쉬워지는데다 체력도 깎을 수 있다. 특히 시니어나 여자 시합에서는 아주 효과적인 샷이므로 반드시 사용하자.

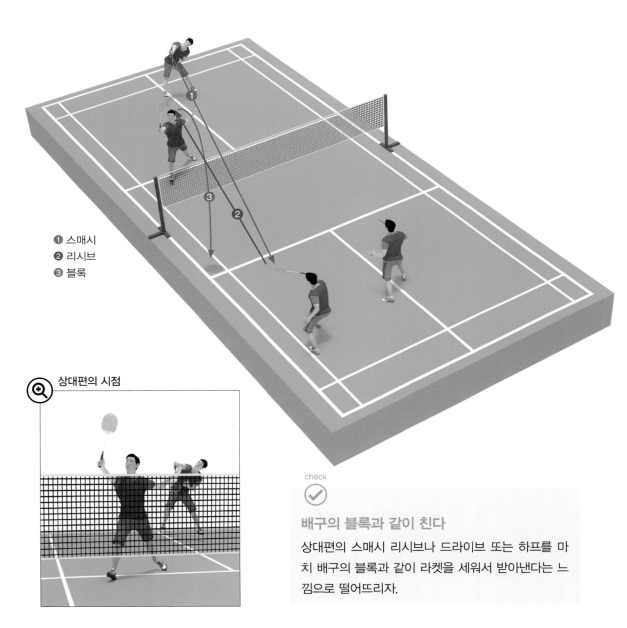

❶ 스매시
❷ 리시브
❸ 블록

상대편의 시점

check

배구의 블록과 같이 친다

상대편의 스매시 리시브나 드라이브 또는 하프를 마치 배구의 블록과 같이 라켓을 세워서 받아낸다는 느낌으로 떨어뜨리자.

54 하프 샷은 네트를 어떻게 넘느냐가 중요

▶ 상대편이 받아내지 못할 하프 샷을 친다

하프라인에서 네트 앞으로 향하는 샷은 잘 조절하지 못하면 푸시나 스매시를 당할 위험이 크다. 하프 샷 궤도의 정점을 반드시 이쪽 코트에 두는 것이 반격을 방지하는 가장 큰 핵심이다.

check

네트를 넘을 때의 셔틀콕 각도를 주의한다

셔틀콕이 네트를 넘을 때 상대편이 돌려주기 어려운 각도와 돌려주기 쉬운 각도가 있다. 하프 샷은 네트 부근에서 가라앉는 각도가 되도록 주의해서 치자.

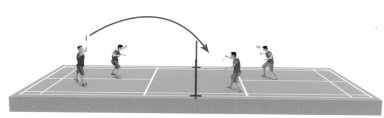

 바닥과 45도

상대편은 손목보다 아래에서 라켓을 내밀어 치게 되므로, 헤어핀(네트 샷)이나 언더(로브)밖에 치지 못하게 되어 이쪽이 우위를 유지하기 쉽다.

 바닥과 수직

공중에 머무르는 시간이 길고, 빈 공간을 향해 치면 득점할 가능성이 높다. 그러나 상대편이 친 곳 가까이에 있으면 푸시나 크로스 헤어핀이 돌아오기 쉽다.

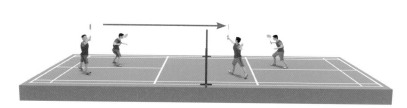

 바닥과 평행

빠른 샷이지만 상대편의 반격도 빨라진다. 네트 테이프에 매우 가깝게 쳐도 카운터와 비슷한 반격이 오면 수세에 몰리기 쉽다.

55 하프를 써서 언더를 유도한다

▶ 어떻게 전위를 뚫느냐가 핵심이다

언더(로브)나 클리어를 코트 깊숙이 높게 보내면 사이드 바이 사이드 진형이 되지만, 그 외의 상황에서는 상대편과 이쪽 모두 톱&백 진형이 되는 경우가 많다. 그때 상대편 두 명 사이에 있는 하프라인 부근으로 쳐서, 셔틀콕을 높이 띄우도록 유도해보자.

네트 앞에 떨어뜨리는 샷을 예상할 상황에서, 상대편 전위를 조금 쳐다보면서 전위가 네트 앞으로 나오면 샷을 치기 직전에 코스를 하프로 설정한다. 전위를 확실하게 피해가는 것이 핵심이다. 다만 타점이 낮은 위치에서는 하프 샷이 어려우므로 무리하게 치지 말자.

전위가 충분히 앞쪽을 의식하고 있다.

몇 번이고 앞쪽에 떨어뜨리는 장면을 연출한다.

 스트레이트 하프

전위의 포핸드에 막히거나 후위에 공격당할 가능성이 높다.

 check

가라앉도록 하프 샷을 친다
단식처럼 손목보다 아래에서 치면 코스를 파악당하기 쉬우므로 가능한 한 손목보다 위에서 친다. 셔틀콕이 가라앉도록 하프 샷을 치자.

 크로스 하프

전위를 비껴가면 빈 곳이 있다.

타점이 낮을 때는 크로스가 효과적이다

하프로 칠 때 타점이 높으면 스트레이트와 크로스 모두 칠 수 있다. 그러나 타점이 낮으면 전위 포어 쪽을 스트레이트로 비껴 가려 할 때 카운터를 당할 위험이 크다. 타점이 낮다면 전위를 지나치는 높이의 크로스를 치자.

전위가 받지 못하는 높이가 핵심이다.

전위를 앞으로 유도한 후 친다.

스트레이트는 상대편을 앞으로 유도하고 나서 친다

스트레이트로 칠 때 상대편에게 들키면 카운터를 당하게 되므로, 앞쪽에 떨어뜨릴 것처럼 속여서 상대편을 확실하게 네트 앞으로 유도한 뒤 스트레이트를 친다.

상대편이 백핸드로 받게 한다

상대편 전위의 백핸드가 서툴다면 스트레이트든 크로스든 일부러 전위가 받게 해서 실수를 유도할 수 있다. 상대편의 입장에서는 조절하기 어려워서 실수하기 쉬운 부분이다.

백핸드로 받게 한다.

56 자신 있는 진형을 만들 수 없을 때

▶ 전위가 후위, 후위가 전위로 왔을 때는 시간을 번다

전위가 네트 앞에서 흐름을 만들고, 공격력이 있는 후위가 승부를 결정하는 것이 복식의 정석이다. 그러나 상대편이 전위를 코트 뒤쪽에 묶어두는 바람에 이쪽이 자신 있는 패턴으로 경기할 수 없게 되는 일이 자주 있다.

그럴 때 상대편은 언더(로브)나 클리어를 크로스로 쳐서 전위를 뒤로 물리고, 뒤쪽에서 계속 샷을 받아내게 하는 일이 많다. 전위의 결정력 부족을 이용해서 공격이 약해질 순간을 기다리고 있는 것이다. 자신 있는 진형으로 돌아가기 위해서는 어떻게 해야 할지 생각해 보자.

→ 이것이 상대편의 특기 패턴

결정력이 떨어지는 이쪽 전위를 뒤로 밀어내 반격한다

상대편은 전위가 특기인 이쪽 선수를 코트 뒤쪽으로 계속 밀어내서 기회를 노린다. 공격력이 떨어지는 전위가 스매시를 치면 크로스로 리시브해, 좌우로 움직이도록 유도해서 허술한 샷을 이끌어내는 것이다. 적절한 샷이 오면 마지막에는 네트 앞에 있는 후위를 향해 치기도 한다. 후위는 샷을 치는 횟수가 적은 탓에 랠리의 리듬에 익숙하지 못해서 수비에 실패하기 쉽고, 정신적인 타격도 받기 쉽기 때문이다.

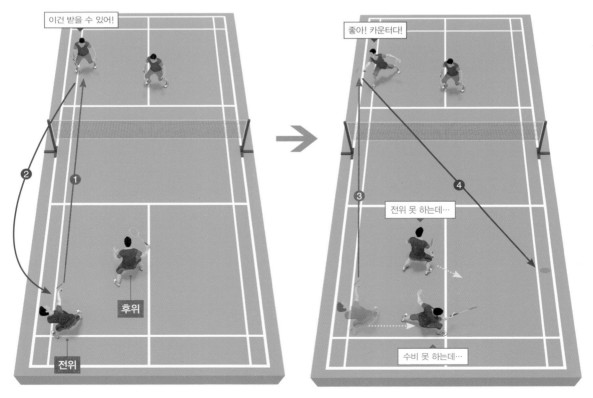

❶ 스매시　❷ 언더　　　　❸ 스매시　❹ 드라이브

TACTICS

전후를 바꿀 시간을 번다

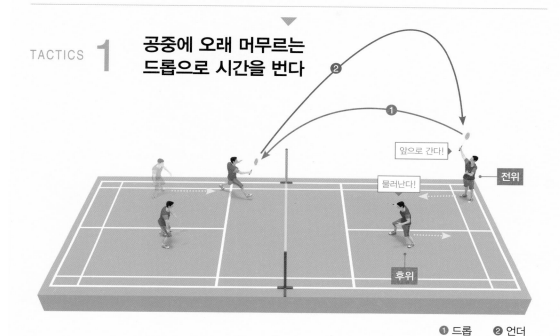

TACTICS **1** **공중에 오래 머무르는 드롭으로 시간을 번다**

앞으로 간다!

물러난다!

전위

후위

❶ 드롭　❷ 언더

Step **1** 드롭을 친다

자신 있는 진형을 만들기 위해 전후를 바꿀 시간이 필요하다. 공중에 오래 머무르는 드롭을 쳐서, 전위가 그대로 드롭을 따라가듯 네트 앞쪽으로 나간다.

후위

전위

전위는 내게 맡겨!

후위는 내게 맡겨!

❸ 스매시

Step **2** 전후를 바꾼다

전위가 드롭을 치고 앞으로 나오기 시작함과 동시에, 앞에 있던 후위도 뒤로 물러난다. 상급자는 드롭뿐만이 아니라 구속이 느린 스매시를 쳐도 좋다. 그 경우 스매시를 확실하게 낮게 치는 것이 전후를 바꾸는 비결이다.

TACTICS 2 상대편 라운드 쪽으로 클리어를 친다

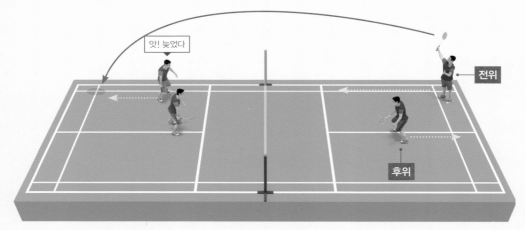

전위와 후위가 앞뒤를 바꿀 시간을 벌기 위해, 상대편이 반격하기 어려운 포어 쪽으로 클리어를 치는 방법이 있다. 이 경우 전후를 재빨리 바꾸는 것이 중요하다. 이쪽 코트의 오른쪽 앞에 빈 곳이 생기기 쉬우므로, 대응이 늦으면 공격당한다.

TACTICS 3 두 사람 가운데로 클리어를 친다

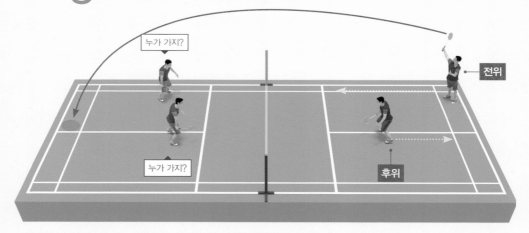

상대편 두 명 사이는 누가 받아칠지 망설이기 쉬운 위치이므로 대응이 늦어질 수 있다. 두 사람 사이로 클리어를 쳐서 자리를 바꿀 시간을 벌자. 상대편 중 약한 쪽으로 코스가 치우치면 더욱 효과적이다.

정 리

전위와 후위의 역할이 확실한 팀이라면, 상대편은 이쪽이 자신 있는 진형을 유지하지 못하도록 전위를 코트 뒤쪽으로 보내려고 할 것이다. 그 경우는 드롭이나 클리어로 코스를 확실히 노려서, 앞뒤로 자리를 바꿀 시간을 벌자. 꼭 한 번에 자리를 바꿀 필요는 없다. 여기서 소개한 전술들을 적절히 참아가고 시도하면서 자신의 것으로 만들어 기회를 노리자.

57

파트너가 복식에 서툴 때

▶ 역할을 확실히 분담해서 자신의 플레이에 집중하도록 만든다

파트너의 실력이 자신보다 떨어질 경우, 상대편의 공격이 파트너에 집중되는 일이 적지 않다. 그럴 때 어떻게든 막아내 보려고 넓게 움직이다가 오히려 빈곳이 생겨서 흐름이 악화되는 경우가 있다. 또 실력이 더 좋은 선수가 거의 모든 샷을 받아내서 마치 단식과 같이 시합하는 팀도 가끔 보인다. 그래서는 복식을 하는 의미가 없다.

팀 내에 실력 차이가 있을 경우 시합에서 어떻게 각자 장점을 발휘해야 할까? 역할을 확실히 분담하는 것이 비결이다.

→ 이것이 상대편의 특기 패턴

결정력이 떨어지는 선수에게 샷을 쳐서 랠리를 끝낸다

상대편은 역량이 떨어지는 선수에게 샷을 집중시키기 마련이다. 이동과 반격을 유도하면서 셔틀콕이 위로 뜨기를 기다린다. 또 랠리 중 실력이 더 좋은 선수는 샷 기회를 만들기 위해 파트너에게 점점 다가가게 된다.

그렇게 해서 빈 곳을 만드는 것도 상대편의 목적이다. 기회가 생기면 상대편은 지금까지 샷을 보내지 않았던 실력 좋은 선수에게 샷을 보내기도 한다.

패턴 1

파트너 … 스매시가 빠른 단식 유형

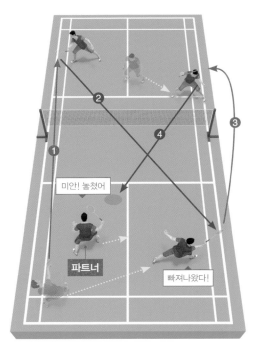

❶ 스매시　❷ 리시브　❸ 드롭　❹ 푸시

패턴 2

파트너 … 리시브는 잘하지만 이동이 서툰 유형

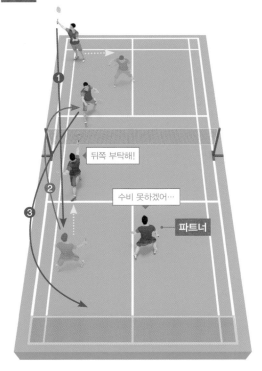

❶ 스매시　❷ 리시브　❸ 언더

TACTICS
역할을 확실히 분담한다

▼

TACTICS **1**   **흐름의 조절에 충실하고, 득점은 파트너에게 맡긴다**

파트너 ··· 스매시가 빠른 단식 유형

Step 1
네트 앞쪽으로 가서 높이 뜬 샷을 유도

파트너가 시합의 흐름을 만드는 요령은 없어도 높이 뜬 셔틀콕을 쫓아가서 받아치는 것은 잘한다면, 내가 네트 앞쪽으로 가서 상대편이 셔틀콕을 높이 띄우는 상황을 유도한다.

Step 2
파트너가 에이스 샷을 친다

파트너에게는 높이 뜬 샷을 받아쳐서 득점하는 데에 전념하라고 미리 말해두고, 나는 전위에서 시합의 흐름을 만드는 데에 집중한다. 이 상황을 잘 이끌어 나가면 파트너는 속 시원히 샷을 칠 수 있으므로 각자 리듬을 유지하기 쉽다.

❶ 스매시   ❷ 리시브   ❸ 헤어핀   ❹ 헤어핀

TACTICS 2

혼합복식 형식으로
파트너를 전위에 둔다

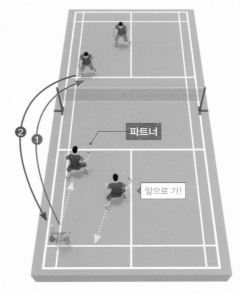

| 파트너 | 리시브는 잘 하지만 이동은 서툰 유형

파트너

앞으로 가!

❶ 드롭
❷ 언더

Step

1

파트너가 네트
앞쪽으로 빨리 이동

파트너에게 결정력이나 코트 수비 능력이 부족한 경우, 여자 혼합복식에서 하듯 네트 앞쪽으로 온 샷을 돌려주는 데에 전념하도록 한다. 늦은 샷을 확실히 낮게 돌려주고, 빠른 샷은 무리하게 받아치지 않도록 하면 좋다. 네트 앞으로 온 샷을 일찍 확실하게 눌러주면 상대편을 압박할 수 있다.

Step

2

나는 코트의
4분의 3을 수비

파트너가 네트 앞쪽을 맡을 때, 코트의 나머지 4분의 3은 내가 수비한다고 생각한다. 전위는 랠리 몇 번이 끝날 때마다 네트 앞쪽의 담당 범위를 바꾸자.

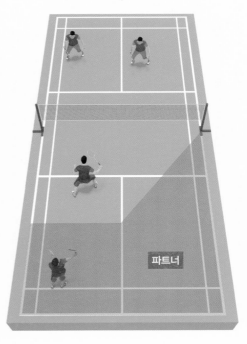

파트너

정 리

팀 내에 역량 차이가 있을 경우, 우선 둘이서 의논하며 전위와 후위의 분담을 정하자. 파트너에게 공격력이 있다면 내가 적극적으로 전위로 가서 시합의 흐름을 만든다. 상대편의 높은 언더(로브)를 유도하도록 명심하자. 파트너가 아직 초보자이거나 해서 내가 후위로 갈 경우, 전위가 포어 앞쪽이나 백 앞쪽 중 하나를 처리하도록 하고 나머지를 내가 담당하면서 기회를 노리자.

58

상대편이 언더를 치지 않을 때

▶ 낮고 빠른 전개를 선호하는 팀에게는 큰 랠리를 펼친다

상대편이 높이 뜨는 샷을 치도록, 높은 언더(로브)나 클리어를 전혀 사용하지 않고 네트 바로 위를 지나가는 궤도로 셔틀콕을 연타하는 복식 스타일이 톱선수들의 주류가 되었다. 이 스타일에서는 샷을 빠르게 주고받기 때문에 반응이 조금이라도 늦으면 타점이 낮아져서 높이 뜨는 샷을 치기 쉽다.

그럴 때는 배드민턴의 원점으로 돌아가서 상대편의 샷을 코트 깊숙이 높게 돌려주자. 높이가 충분하면 상대편이 아무리 강하게 공격해도 쉽게 점수를 잃지 않는다. 상대편을 앞뒤로 움직이는 것도 하나의 작전이다. '노 언더'가 특기인 상대편을 공략하는 전술을 생각해보자.

→ 　이것이 상대편의 특기 패턴 Ⓐ

언더처럼 보이는 크로스 하프

상대편이 낮은 위치에서 받아치면 언더가 되는 경우가 많다. 그러나 노 언더가 상대편의 특기라면 크로스 하프 또는 능숙한 크로스 헤어핀이 돌아온다. 언더를 예상하고 있었다면 허둥지둥 셔틀콕을 향해 달려가서 높이 띄울 수밖에 없다. 상대편은 기회를 만들어 피니시를 치는 것이 특기다.

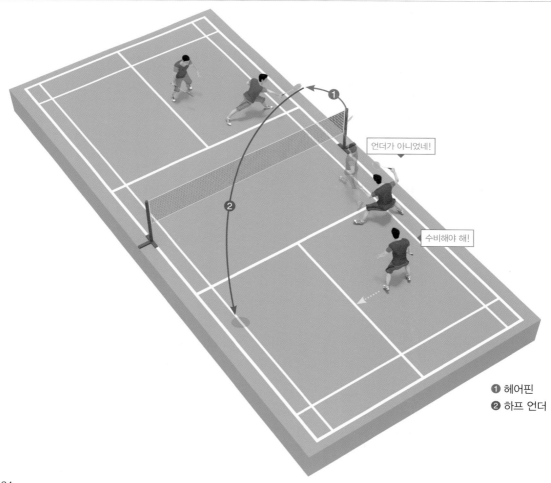

언더가 아니었네!

수비해야 해!

❶ 헤어핀
❷ 하프 언더

드라이브처럼 보이는
크로스 헤어핀

노 언더가 특기인 팀에게 흔한 전개가, 드라이브에 응수할 때 스트레이트 드라이브처럼 속여서 크로스로 가라앉는 헤어핀(네트 샷)을 치는 것이다. 빠르게 주고받다가 크로스로 코스를 바꾸기는 쉽지 않지만, 언더를 치지 않는 것이 특기인 팀은 빠른 전개 속에서도 확실하게 샷을 컨트롤한다. 허를 찌르면서 크로스로 가라앉은 헤어핀이 날아오면 후위의 대응이 늦어져 셔틀콕을 높이 띄울 수밖에 없는 상황이 된다.

❶ 드라이브
❷ 드라이브
❸ 크로스 헤어핀

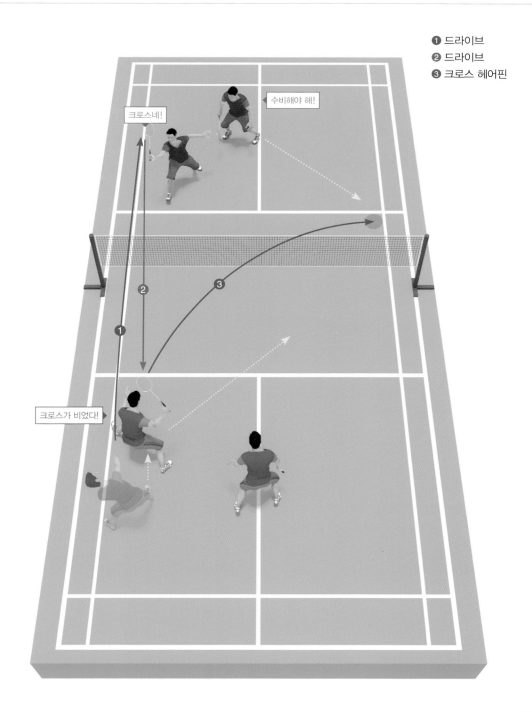

크로스네!

수비해야 해!

크로스가 비었다!

TACTICS

코트 깊숙이 높게 쳐서, 낮고 빠른 전개를 봉쇄한다

▼

TACTICS **1**   ### 공중에 오래 머무르는 높은 언더를 이용한다

리듬을
못 따라가겠어…

❶ 드롭   ❷ 언더

Step 1

코트 깊숙이 확실하게
언더를 친다

노 언더 팀의 의도는 낮고 빠른 전개로 이쪽의 허술한 샷을 유도하는 것이다. 일부러 코트 깊숙이 높게 셔틀콕을 보내서 상대편의 예상이 빗나가게 하자. 언더를 확실하게 코트 깊숙이 돌려주면 상대편의 공격이 더 이상 무섭지 않다.

NG

빠른 전개다!

압박받는다…

❶ 드라이브   ❷ 드라이브   ❸ 드라이브

check

✓ 드라이브로 받아주지 않는다

낮고 빠른 전개가 자신 있는 노 언더 팀은 드라이브를 주고받고 싶다. 상대편이 원하는 전개를 따라가는 건 좋지 않다. 재빨리 네트 앞에 떨어뜨리거나, 크게 돌려줘서 상대편이 의도하는 리듬을 피하자.

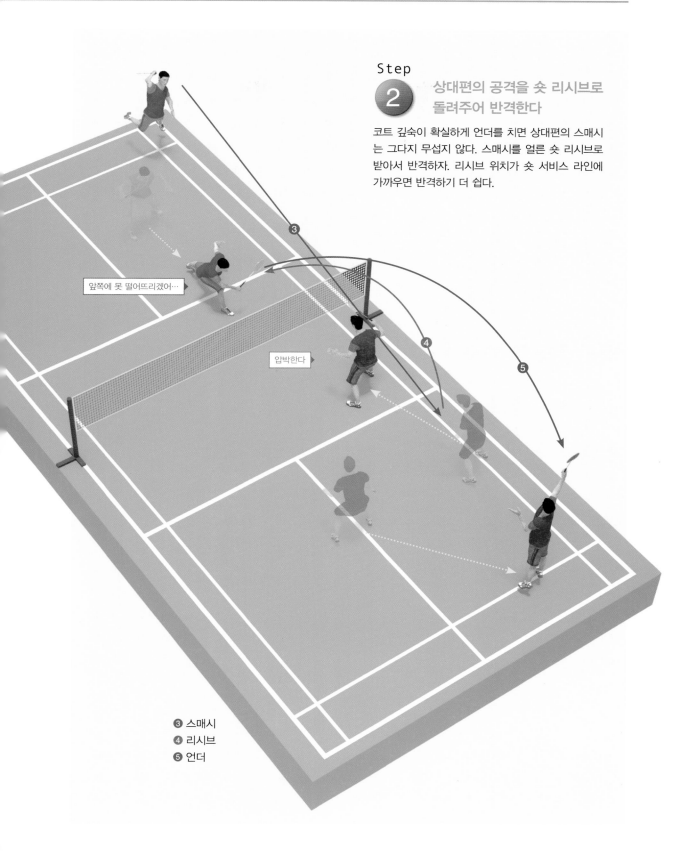

Step

2 상대편의 공격을 숏 리시브로
돌려주어 반격한다

코트 깊숙이 확실하게 언더를 치면 상대편의 스매시
는 그다지 무섭지 않다. 스매시를 얼른 숏 리시브로
받아서 반격하자. 리시브 위치가 숏 서비스 라인에
가까우면 반격하기 더 쉽다.

③

앞쪽에 못 떨어뜨리겠어…

④

⑤

압박한다

③ 스매시
④ 리시브
⑤ 언더

TACTICS **2**

상대편을 앞뒤로 이동시킨다

Step **1**　드라이브를 깊이 보낸다

노 언더가 특기인 팀은 드라이브를 많이 친다.
그러고 나서 앞으로 나올 것이므로, 한두 번 응
수한 다음 상대편의 머리 위를 지나 코트 깊숙
이 뻗는 샷을 친다.

Step **2**　헤어핀으로
상대편을 움직인다

코트 뒤쪽에서 상대편이 슬라이스 드롭(커트)
로 도망치면 헤어핀(네트 샷)을 쳐서 상대편을
앞뒤로 이동시킨다. 노 언더가 특기이고 라켓
을 잘 쓰지만 이동에 약한 상대편에 효과적인
공격 방법이다.

❶ 드라이브
❷ 낮은 언더 클리어

뒤쪽인가!

머리 위로!

앞뒤로 움직인다.

앞이 비었다!

❸ 슬라이스 드롭　❹ 헤어핀

정 리　노 언더가 특기인 팀을 상대할 때는 우선 드라이브 대결을 받아주지 않도록 주의하자. 기본적으로
는 높은 언더 등으로 크게 전개하고, 뒤쪽에서 친 스매시를 곧바로 솟으로 돌려주어 언더를 유도
한다. 드라이브로 공격당해도 드라이브처럼 속여서 머리 위를 넘어가는 언더를 친다. 상대편을 앞
뒤로 이동시키며 기회를 찾자.

59 상대편에 왼손잡이가 있을 때

▶ 센터를 노린다!

상대편에 왼손잡이가 있을 때 까다로운 점은 카운터를 당하기 쉽다는 것이다. 가령 상대편 전위가 오른손잡이라면 받아내지 못할 샷이라도, 왼손잡이라면 이야기가 다르다. 시합이 긴박해지면 상대방이 왼손잡이임을 잊고 왼손잡이 포어 쪽으로 샷을 보내서 강타당하기 일쑤다. 오른손잡이라면 받아치지 못할 샷을 왼손잡이는 빨리 받아칠 수 있어서 기회가 되고 만다.

상대편에 왼손잡이가 있을 경우 우선은 그 사실을 염두하고 경기해야 하는데, 왼손잡이이기에 약점도 있다. 그 약점을 노려 시합을 유리하게 이끄는 방법을 생각해 보자.

→ 이것이 상대편의 특기 패턴 Ⓐ

**왼손잡이 포어 쪽의
드라이브를 유도한다**

코트 왼쪽 사이드에서 상대편이 톱&백이고 왼손잡이가 전위, 오른손잡이가 후위라고 하자. 이때 후위는 스트레이트로 스매시를 쳐서 이쪽의 스트레이트 드라이브 리시브를 기다린다. 이 드라이브는 왼손잡이에게 포어 쪽이므로 받기 쉽고 강하게 칠수 있다. 이처럼 왼쪽 사이드로 샷이 모이는 패턴을 만드는 것이 왼손잡이가 있는 팀의 특징이다.

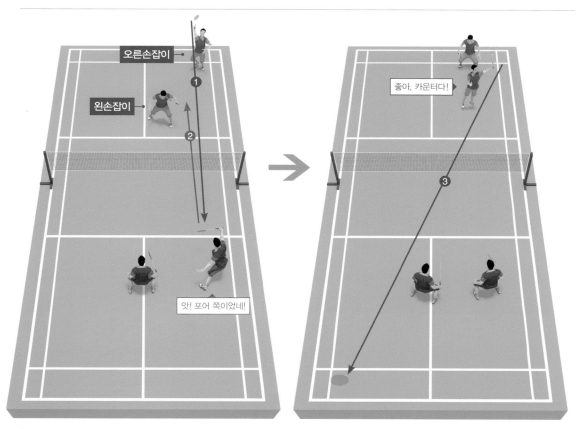

❶ 스매시　❷ 드라이브　　　　❸ 스매시

→ 이것이 상대편의 특기 패턴 **B**

크로스 커트 스매시로 스트레이트를 유도해 왼손잡이가 포핸드로 공격

왼손잡이가 있는 팀이 이기는 패턴 중 하나는 왼손잡이가 포핸드로 빠르게 쳐서 공격하는 것이다. 오른손잡이 후위가 크로스 커트 스매시를 쳐서 이쪽의 스트레이트를 유도하고, 왼손잡이가 포핸드로 득점하는 패턴을 예로 들 수 있다. 또 왼손잡이도 마찬가지로 크로스 커트 스매시를 쳐서 오른손잡이가 포핸드로 받기 쉬운 샷을 유도해내는 패턴이 있다.

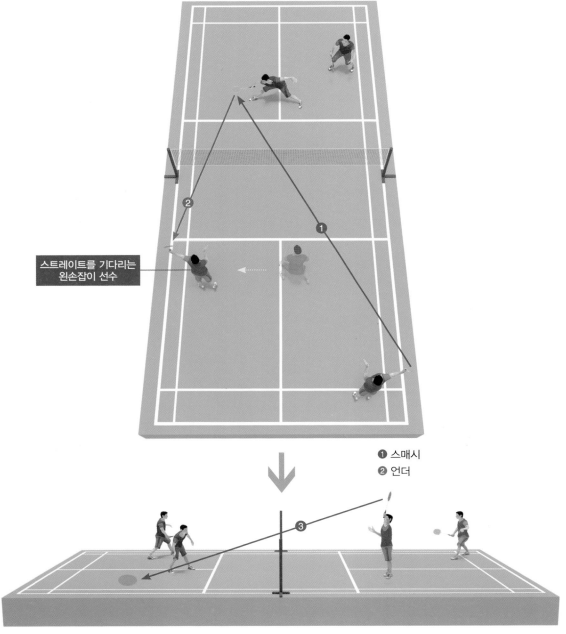

스트레이트를 기다리는 왼손잡이 선수

❶ 스매시
❷ 언더

❸ 스매시

TACTICS

기본적으로 센터 공격을 노린다

▼

Step 두 사람 가운데로 친다

한 명이 왼손잡이인 팀은 사이드 바이 사이드로 섰을 때 라켓이 서로 바깥쪽 또는 서로 안쪽을 향하게 된다. 어느 쪽이든 둘이서 동시에 받아치려 하는 경우가 많으므로 센터 공격이 효과적이다.

Step 여러 코스로 친다

그래도 리시브를 당할 것 같다면 드롭으로 센터를 공격하거나, 센터에서 리시브가 약한 쪽으로 치우치는 코스를 노리거나, 센터처럼 속여서 바깥쪽으로 치는 등 여러 코스로 공격하자.

정리 | 왼손잡이가 있는 팀은 둘 다 크로스를 치고 둘 다 포핸드로 공격하는 패턴이 많다. 특히 랠리 중 상대편의 백핸드 쪽으로 쳤다고 생각한 하프 샷이 사실은 포핸드 쪽인 경우가 많으므로 주의한다. 공격할 때는 강하지만 리시브할 때는 빈틈도 많다. 공격 상태를 유지하면서 기회를 찾자.

4

시합 환경과
심리 전술

승리를 노릴 때 바람의 방향이나 셔틀콕의 종류 등 주변 환경에 대한 정보는 큰 도움이 된다. 또 코트에서 최선의 경기를 펼치기 위해서는 심리적인 요소를 잘 살피는 것도 매우 중요하다.

환경과 심리를 더 깊이 이해해서 수준을 더욱 높이자.

60 코트에 대한 정보를 수집한다

▶ **어디서 싸울지 알면 승리에 한 발 더 다가간다**

코트의 상황을 알고 전술을 미세 조정한다

시합에서 이기는 사고방식에는 '전술'과 '전략' 두 가지가 있다. 전술이 어떤 샷으로 상대방의 움직임을 유도할지 등 구체적인 경기 방법이라면, 전략은 대국적인 관점에서 경기 전체를 어떻게 진행할 것인지에 대한 시나리오다.

효과적인 전술과 전략을 세우기 시작했다면 그 다음에는 그것을 실천할 무대를 살펴봐야 한다. 시합할 코트의 환경을 파악하고 전술과 전략을 미세 조정하는 일이 중요하다.

설령 '상대방을 이동시켜서 지치게 한다.'(전략) → '네 모퉁이로 셔틀콕을 보낸다.'(전술)라고 구상한다 해도 코트에 바람이 불면 아웃이 많아질 것이다. 또 나와 상대방의 실력이 비슷하다면 파이널 게임까지 갈 것도 예상해서, 토스에서 이기면 셔틀콕이 잘 안 보이는 코트부터 들어가도록 선택하는 것도 중요하다. 시합을 생각대로 운영하기 위해서는 코트에서 무엇을 확인해야 하는지 이제부터 소개하겠다.

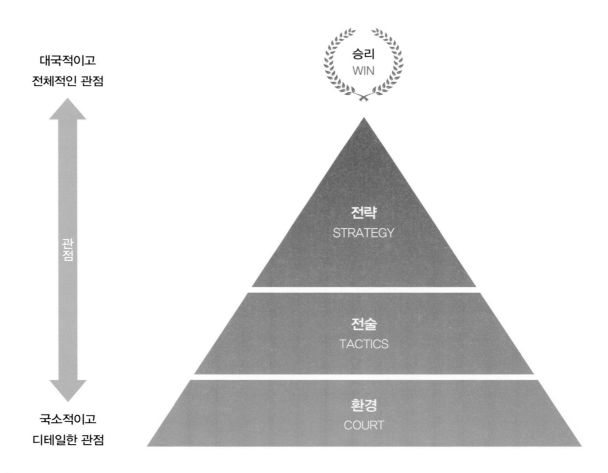

코트 정보를 수집하는 5가지 포인트

시합 전 몸을 풀 때나 시합 초반에 코트 정보를 확실히 파악하자. 시합 전에 포인트를 알면 불필요한 걱정을 줄이고 승부에 더 집중할 수 있다. 어떤 시합을 전개하고 싶은지 머릿속에 그리자.

1

바람의 방향을 확인한다

요즘은 어느 계절이든 냉난방을 하는 체육관이 늘어서 시합 중에 바람이 부는 일이 많다. 특히 코트가 열 개 이상인 큰 체육관은 코트마다 바람의 흐름이 다르다. 바람을 이용한 단식과 복식 전술을 뒤에서 소개할 것이므로 참고하기 바란다.

2

조명의 위치를 확인한다

천장의 조명에 눈이 부셔서 헛손질을 한 경험이 누구에게나 있을 것이다. 조명의 종류에 따라 차이가 있는데, 수은등이나 LED 등 빛이 강한 조명이 있으면 셔틀콕이 보이지 않는 경우가 많다. 조명이 신경 쓰이는 부분을 미리 확인하고 자칫 당황해서 실수하지 않도록 자세를 바꾸어 칠 준비를 하자.

3

셔틀콕이 잘 보이는 쪽을 확인한다

벽이 흰색이 아닌 한, 벽을 향한 쪽에서 셔틀콕이 잘 보인다. 어디서 칠지 선택할 때는 잘 보이지 않는 쪽을 전략적으로 먼저 선택하는 것이 좋다. 다음 게임에서 자리를 바꿀 때 더 유리하게 시합할 수 있고, 파이널 게임이 됐을 때도 후반에 승부할 때 더 잘 보이는 쪽에 있을 수 있다.

4

코트 바닥을 확인한다

코트 매트에서 시합한다면 확인할 필요가 없지만 대개 매트에서 시합할 기회는 적다. 오래된 체육관의 나무 바닥일 경우 니스 칠이 벗겨져서 먼지 등으로 미끄러지기 쉬운 경우가 많다. 그럴 때를 위해 사전에 젖은 걸레처럼 미끄러짐을 막을 물건을 준비해두자.

5

셔틀콕의 제조사를 확인한다

시합 전에 셔틀콕의 제조사를 확인해두면 좋다. 같은 스피드 번호라도 제조사에 따라 다르게 날아간다. 특히 헤어핀(네트 샷)이나 슬라이스 드롭(커트) 등 섬세한 샷에 큰 영향을 주므로, 평소부터 여러 제조사의 셔틀콕을 써보고 각각의 감각을 파악해두자.

61

바람의 흐름을 읽는다

▶ 바람에 휘둘리지 않고 바람을 이용한다

대회장에서 바람이 느껴지면 어느 방향으로 부는지 확인하자. 코트마다 바람의 방향이 다르기도 하므로 시합 전에 코트의 상황을 한 번 파악해두면 좋다.

시합 중에는 바람에 익숙해지기 전에 무리하게 코트 모퉁이를 노리지 말자. 조금 안쪽을 노리며 안전하게 치는 것이 낫다.

여기서는 주로 단식의 경우를 소개하겠다.

1 역풍이 불 때

단식

상대방을 앞뒤로 이동시켜 실수를 유도한다

클리어나 언더(로브)를 강하게 쳐도 잘 아웃되지 않으므로, 상대방을 과감하게 뒤로 밀어내거나 앞으로 오게 해서 언더나 클리어의 아웃을 유도하자. 다만 스핀 없는 헤어핀이나 아슬아슬한 헤어핀(네트샷)의 경우는 바람 때문에 셔틀콕이 이쪽으로 돌아오기 쉬워서 실수할 가능성이 높으므로 주의한다.

복식

더욱 빨라지는 스매시를 경계한다

상대편이 좋은 자세로 스매시를 치면 빨라서 받아내기 어렵다. 대책으로 네트 앞에 셔틀콕을 재빨리 떨어뜨려 상대편의 로브 아웃을 유도하면 좋다. 상대편은 리시브나 드라이브를 쳐도 아웃되기 쉬우므로 언더(로브)를 치지 않는 등의 낮은 전개도 좋다.

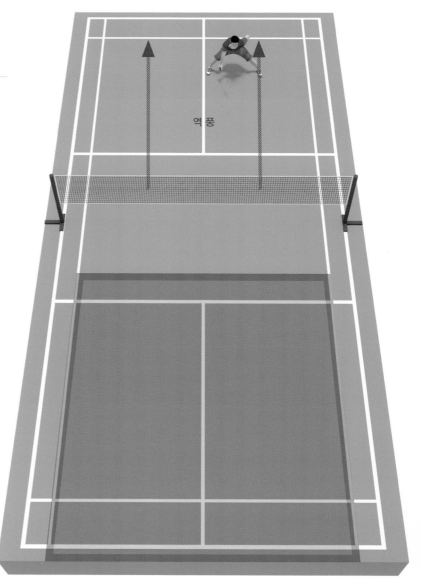

역풍이 불 때 단식은 그림의 사각형 안에 셔틀콕을 넣는다고 생각하며 친다.

2 순풍이 불 때

 단식
스매시를 칠 수 있는 전개를 만든다

클리어와 언더(로브)의 조절이 어려워지므로, 수세에 몰려도 가능한 한 스매시나 슬라이스 드롭(커트)을 치며 버틴다. 그 뒤 스핀 없는 헤어핀 같은 샷으로 언더를 유도해서 스매시를 칠 수 있는 흐름을 만들자.

 복식
강타하면 아웃되기 쉽다

언더(로브)나 강한 드라이브, 푸시는 아웃되기 쉽다. 적극적으로 네트 앞이나 하프라인에 떨어뜨려, 언더를 유도해서 스매시를 치면 좋다. 롱 서비스도 아웃되기 쉬우므로 주의한다.

순풍일 때 단식에서 노릴 부분은 이 사각형 부분

3 옆바람이 불 때

 Point 바람이 불어오는 쪽을 공격한다

바람이 향하는 쪽의 코너로 스트레이트나 크로스를 치면 셔틀콕이 더 멀리 뻗어서 아웃되기 쉽다. 바람이 불어오는 쪽으로 공격하면 아웃의 위험이 줄어든다.

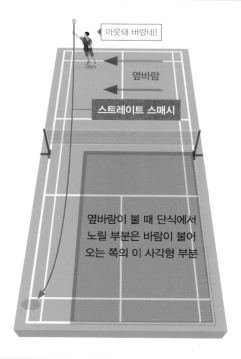
아웃돼 버렸네!
옆바람
스트레이트 스매시
옆바람이 불 때 단식에서 노릴 부분은 바람이 불어오는 쪽의 이 사각형 부분

실전 팁

아래로 부는 바람

천장 부근에서 아래를 향해 냉난방을 하거나 천장의 형태가 고르지 않은 경우 등 바람이 위에서 아래로 부는 경우가 있다. 셔틀콕의 낙하가 조금 빨라지므로 치는 타이밍을 맞추기 어렵다. 그 경우는 팔을 덜 휘둘러서 대응하는 것이 좋다. 특히 오버헤드는 어려우므로 익숙해질 때까지 실수 없이 랠리하자.

62 대결 상황에 맞는 마음가짐

▶ 시합에 맞는 마음가짐을 만들기 위한 체크리스트

'평상심'으로 시합에 이긴다

상급자가 될수록 신체의 단련이나 전술만으로는 항상 이길 수 없다. 높은 수준의 선수들에게 이기기 위해서는 시합에서도 평상시와 똑같은 잠재력을 발휘하기 위한 안정, 다시 말해 평상심을 유지하는 능력이 필요하다.

물건을 두고 왔거나 컨디션이 나빠서 마음이 동요하거나, 상대방의 실력을 파악하지 못해서 이것저것 불필요한 생각을 하면 시합을 도저히 유리하게 이끌어갈 수 없다.

여기서는 시합 전에 조심해야 할 부분들을 체크 항목으로 만들었다. 이제부터 소개할 7가지 항목을 유의해서, 예측하지 못한 사태를 가능한 한 피하고 안정된 마음으로 시합에 임해 원래 실력을 발휘하기 바란다.

평상심을 유지하는 7가지 포인트

1 시합의 목표를 설정한다

**명확한 목표를 설정하고 연습을 거듭해서
전날 그 내용을 돌아본다**

시합에 나가기로 결정했다면 '우승' '8강 진출' 등 단체전과 개인전의 각 분류에 맞는 명확한 목표를 설

정하자.

구체적인 결과를 달성하는 데에 내게 부족한 것이 무엇인지, 문제를 언제까지 극복할지 기한을 정해서 연습한 후 시합 전날에 다시 그 내용을 돌아보면 좋다.

2 승리를 머릿속에 그린다

**자신의 관점과 제삼자의 관점에서
상상해서 기분을 고양시킨다**

머릿속에서 강렬한 이미지를 그리면 실제 행동에도 큰 영향을 준다. 배드민턴의 경우 자신의 관점뿐만이

아니라 제삼자의 관점에서 자신을 그려보면 좋다.

가령 스매시를 쳐서 이기는 순간, 시상대에 올라 우승 메달을 목에 거는 순간 등을 상상하면 기쁨과 행복함이 솟아나서 기분이 고양될 것이다.

시합 중에 의식해야 할 것

루틴을 도입하고 경기를 진심으로 즐긴다

'계속 조금씩 점프한다.' '거트를 깔끔하게 정돈한다.' 등 일정한 행동을 반복하면 마음이 정리된다. 이런 '루틴'은 최고의 프로들도 자주 실시한다. 집중력을 높이고 정신을 차분하게 만드는 효과가 있다.

한편 실력이 좋은 선수들의 시합을 보면, 자신보다 급이 낮은 상대와 전력으로 싸우는 것을 부끄러워하거나 방심해서 패배하고 마는 경우가 있다. 이런 자존심은 정말로 불필요하다. 어떤 시합이든 똑같이 집중해서 임하는 것이 실력을 더욱 키우는 길임을 잊어서는 안 된다.

중요한 것은 진심으로 즐기며 경기하는 일이다. 결과에 너무 집착하지 않고 자신답게 경기할 수 있다면 더욱 좋은 컨디션으로 임할 수 있을 것이다.

3 시합 상대를 분석한다

경기 방식과 잘 치는 샷, 서툰 코스를 분석한다

시합 상대의 연습이나 시합을 가능한 한 눈으로 보고 어떤 유형의 선수인지 분석하자. 상대방의 경기 방식과 잘 치는 샷, 서툰 코스를 사전에 알면 대책을 세우기도 쉽다.

기초 샷으로 몸을 푸는 짧은 시간만으로는 상대방의 실력을 알 수 없고, 상대방이 강해 보인다면 심리적으로 위축될지 모른다. 어떤 선수든 반드시 약점은 있다. 확실히 분석해서 시합에서 우위를 점하자.

4 전날 저녁을 신경 써서 먹는다

탄수화물과 비타민을 많이 섭취, 취침 3시간 전까지 식사를 마친다

최상의 상태로 시합하기 위해서는 전날의 식사도 중요하다. 흰밥이나 면류 등 탄수화물과 비타민을 많이 섭취한다. 튀김 등의 지방, 날것, 술은 가능한 한 피하는 것이 좋다.

또 수면 3시간 전까지는 식사를 마쳐서 위에 부담을 주지 않도록 한다.

5 시합 준비를 마친다

라켓은 세 개 이상 준비한다, 부상 대비도 중요하다

거트가 끊어져도 괜찮도록 라켓은 반드시 세 개 이상 준비한다. 땀을 많이 흘리는 여름 시합에서는 갈아입을 여분의 옷도 준비하자.

또 부상을 당했을 때를 대비해서, 여유가 있다면 서포터와 테이핑, 아이스백 등도 챙긴다. 미끄럼 방지를 위한 걸레, 피로 해소를 위한 아미노산 보조식품 등도 준비한다.

6 시합 당일 스케줄을 미리 생각한다

대회장까지 가는 길을 알아본다, 생활 리듬은 평소대로 유지한다

시합 시작 시간, 시합 수의 합계, 사전 연습의 유무 등을 확인한다. 또 여유 있게 도착할 수 있도록 대회장까지 가는 길을 정확히 알아둔다. 시합이 오후에 시작한다고 해도 너무 많이 쉬면 몸이 무거워질 수 있으므로 주의가 필요하다.

생활 리듬을 평소대로 유지한다.

7 온수욕과 냉수욕으로 피로를 해소한다

온수욕으로 몸을 데운 후 무릎 아래를 냉수와 온수에 번갈아 담근다

육체 피로를 빠르게 해소하는 방법으로 추천하는 것이, 온수욕과 냉수욕을 교대로 하는 것이다.

온수욕으로 몸을 한 번 데운 후, 무릎 아랫부분을 냉수와 온수에 번갈아 담근다. 냉수 1분, 온수 3분을 3~5번 반복하는 것이 기본이다. 모세혈관이 확장되어 혈류가 원활해지고 근육의 피로가 개선된다.

체크리스트를 활용해 평상심을 유지하자

다음 페이지에서는 지금까지 이야기한 평상심 유지를 위한 항목을 체크리스트로 정리했다. 1~7 항목을 3단계로 평가해서 정신적인 면이 충분히 관리되고 있는지 확인하자.

■ 평상심을 유지하기 위한 체크리스트

시합 전날 밤 체크할 항목

01	시합의 목표를 설정했다	● 조금	● 어느 정도	● 충분히
02	승리를 머릿속에 그렸다	● 조금	● 어느 정도	● 충분히
03	시합 상대를 분석했다	● 조금	● 어느 정도	● 충분히
04	저녁을 신경 써서 먹었다	● 조금	● 어느 정도	● 충분히
05	시합에 가져갈 물건을 모두 준비했다	● 조금	● 어느 정도	● 충분히
06	시합 장소와 시간을 확인했다	● 조금	● 어느 정도	● 충분히
07	온수욕과 냉수욕을 했다	● 조금	● 어느 정도	● 충분히

이 체크리스트를 복사해서 사용하세요.

63 시합의 흐름을 주도하기 위한 전술

▶ 랠리 사이에 상황을 판단하는 능력을 기른다

시합의 국면은 3가지

대인 경기에는 반드시 흐름이 존재한다. 이 흐름이야 말로 시합의 묘미다. 그렇다면 시합의 흐름이란 무엇일까. 양쪽의 기세(흐름)가 어느 쪽에 기울어 있는지를 실시간으로 보거나 느끼는 것이다. 시합의 국면을 크게 나누면 ①상대편이 시합의 흐름을 주도할 때 ②자신이 시합의 흐름을 주도할 때 ③서로 팽팽히 맞설 때, 이렇게 3가지로 분류할 수 있다.

상황에 따라서 가능한 한 해야 할 행동과 최대한 피해야 할 행동이 있다. 지금은 어떤 상황이고 이제부터 어떤 플레이를 해야 하는지, 랠리 사이사이에 재빨리 판단하는 능력을 기르자. 이 능력이 시합의 승부로 이어진다.

1 상대편이 시합의 흐름을 주도할 때

❶ 무리하게 득점하려 하지 말고 일단 랠리한다
➡ 랠리하다 보면 자신의 흐름을 되찾을 수도 있다. 실수 없이 이어나가자.

❷ 그 상황에서 불리한 샷이나 코스는 피한다
➡ 평소 자신 있는 샷이라도 계속 실수하면 의미가 없다. 바로 다른 샷으로 바꾸자.

❸ 셔틀콕을 교체한다
➡ 필요하다면 셔틀콕을 교체해서 플레이와 흐름에 변화를 주자.

❹ 기합을 외치며 자기 자신에게 기운을 북돋운다
➡ 마음이 약해지면 흐름을 주도할 수 없다. 자기 자신을 격려하자.

❺ 상대편의 플레이에 맞춰 주지 않는다
➡ 랠리 중이나 랠리 사이에 상대방의 흐름에 끌려가는 경우가 있다. 자신의 흐름을 의식하자.

2 자신이 시합의 흐름을 주도할 때

❶ 득점할 수 있는 전술을 유지한다
➡ 득점하고 있는 중이라면 똑같은 전술이라도 괜찮다. 계속 점수를 따자.

❷ 서비스를 빨리 준비한다
➡ 흐름이 좋을 때 다음 준비를 해서 상대방을 압박하자.

❸ 마지막까지 방심하지 않는다
➡ 시합이 끝날 때까지는 무슨 일이 있을지 모른다. 승부가 결정되기 전까지 방심하지 않는다.

3 서로 팽팽히 맞설 때

초반

❶ 시합의 분위기에 빨리 익숙해진다
➡ 분위기에 익숙해져야 안정되게 경기할 수 있다. 빨리 익숙해지자.

❷ 서비스 실수 등의 단순한 실수를 하지 않는다
➡ 실수가 많으면 상대방을 분석할 수 없고 초반부터 흐름도 나빠진다.

❸ 랠리하면서 상대방의 플레이를 분석한다
➡ 상대방이 잘 치는 샷과 잘 못 치는 샷을 찾아내서 전술을 생각한다.

후반

❶ 수비만 할 것이 아니라 때로는 밀고 나간다
➡ 풋워크의 속도를 높여서 공격하는 등 상대방을 초조하게 만들자.

❷ 상대방에게 보여주지 않은 플레이를 한다
➡ 점수가 필요한 상황에서 숨겨뒀던 샷을 치면 더 쉽게 득점할 수 있다.

❸ 힘들어도 내색하지 않고, 정신력에서 밀리지 않는다
➡ 정신력에서 밀리면 절대 이길 수 없다. 기백으로 상대방을 압도하자.

64 게임 분석 시트를 활용한다

▶ 시합 전체의 흐름을 기록한다

득점 내용까지 포함해 점수를 매긴다

시합을 돌아볼 때는 전체 흐름을 조망하며 확인한다. 그때 효과적인 것이 145쪽과 같은 '게임 분석 시트'다. 이 시트에서는 점수를 매긴다는 느낌으로 득점의 추이뿐만이 아니라 랠리의 상황까지 한눈에 보이게 기록할 수 있다.(단식용 시트. 기입 예는 146쪽 참고)

시트 윗부분에는 이름, 날짜, 대회장, 대회 이름 등 기본적인 자료와 함께, 상대 선수의 플레이스타일과 주로 쓰는 쪽 손 등의 정보를 기록할 수 있다. 그 아래의 득점 추이 표에는 득점 내용이 '나' 3항목, '상대' 3항목으로 나뉘어 있다.

이 여섯 가지 득점 항목은 위에 있을수록 내게 유리한 득점이므로, 시합 전체의 흐름을 확인하기 쉬운 구조다. 승패를 가르는 열쇠가 어디에 있었는지를 이해할 수 있으므로 시합을 돌아볼 때 도움이 되고, 기록을 축적해나가면 자신의 경기 방식이 '먼저 도망가기 유형'인지 '후반 쫓아가기 유형'인지 등도 알 수 있다.

시합 중에는 어느 득점 항목으로 분류할지 애매한 상황들이 있다. 그때는 기록자가 판단해서 선택하면 된다. 그런 만큼 객석에 있는 지도자나 같은 팀 선수 등, 선수로서 자신의 특징을 잘 이해하는 사람에게 기록을 부탁하는 것이 좋다.

여섯 가지 득점 항목의 상세 내용

'나'와 '상대'의 득점 항목은 득점과 실점을 경계로 대칭을 이룬다.

노터치 에이스 또는 상대방의 큰 실수
'노터치 에이스'는 상대방이 손을 대지도 못한 득점. '상대방의 큰 실수'는 상대방의 서비스나 서비스 리시브 실수인 득점. 가장 좋은 상황으로, 흐름을 주도하기 쉽다.

에이스 샷 또는 상대방의 평범한 실수
'에이스 샷'은 좋은 형태의 샷 또는 자신 있는 샷으로, 상대방이 받아치기는 했지만 실패해서 가능한 득점. 노림수가 성공해서 주도권을 쥐기 쉽다. '상대방의 평범한 실수'는 평범한 상황에서 상대방 실수인 득점. 상대방에게 정신적 부담이 생긴다.

랠리에서 이김
랠리에서 접전을 펼치다가 상대방의 이동을 유도하는 등으로 얻은 득점. 흐름의 면에서는 가장 상대방과 동등하다.

상대방이 랠리에서 이김
랠리에서 접전을 펼치다가 실점. 흐름의 면에서는 가장 상대방과 동등하다.

에이스 샷 또는 나의 평범한 실수
'에이스 샷'은 좋은 형태의 샷 또는 상대방이 자신 있는 샷으로, 내가 받아치기는 했지만 실패해서 실점. 상대방이 주도권을 쥐기 쉽다. '나의 평범한 실수'는 평범한 상황의 실수로 인한 실점. 정신적으로 타격을 받기 쉽다.

노터치 에이스 또는 나의 큰 실수
'노터치 에이스'는 내가 손을 대지도 못한 실점. '나의 큰 실수'는 서비스나 서비스 리시브의 실수로 인한 실점. 모두 내게 가장 나쁜 형태이며 수세에 몰리기 쉽다.

우위
↑
- 노터치 에이스 또는 상대방의 큰 실수
- 에이스 샷 또는 상대방의 평범한 실수
- 랠리에서 이김

- 상대방이 랠리에서 이김
- 에이스 샷 또는 나의 평범한 실수
- 노터치 에이스 또는 나의 큰 실수
↓
수세

■ 게임 분석 시트

년   월   일   :   ～   :

이름 /	(남·여)	시합 결과 / － (－ , － , －)
대회 이름 /		대회장 /
개인전·단체전 ( )회전·8강·준결승·결승		대회 사용 셔틀콕 /
시합 상대 이름 /		상대방 소속 / (년)
상대방의 플레이스타일 / 공격형 리시브형 랠리형 복식형		상대방이 쓰는 손 / 오른손 왼손

득점 추이 표

1게임

나
- 노터치 에이스 / 상대방의 큰 실수(O)
- 에이스 샷 / 상대방의 평범한 실수(O)
- 랠리에서 이김

상대방
- 상대방이 랠리에서 이김
- 에이스 샷 / 나의 평범한 실수(O)
- 노터치 에이스 / 나의 큰 실수(O)

나
- 노터치 에이스 / 상대방의 큰 실수(O)
- 에이스 샷 / 상대방의 평범한 실수(O)
- 랠리에서 이김

상대방
- 상대방이 랠리에서 이김
- 에이스 샷 / 나의 평범한 실수(O)
- 노터치 에이스 / 나의 큰 실수(O)

소계 | 점수

2게임

나
- 노터치 에이스 / 상대방의 큰 실수(O)
- 에이스 샷 / 상대방의 평범한 실수(O)
- 랠리에서 이김

상대방
- 상대방이 랠리에서 이김
- 에이스 샷 / 나의 평범한 실수(O)
- 노터치 에이스 / 나의 큰 실수(O)

나
- 노터치 에이스 / 상대방의 큰 실수(O)
- 에이스 샷 / 상대방의 평범한 실수(O)
- 랠리에서 이김

상대방
- 상대방이 랠리에서 이김
- 에이스 샷 / 나의 평범한 실수(O)
- 노터치 에이스 / 나의 큰 실수(O)

소계 | 점수

3게임

나
- 노터치 에이스 / 상대방의 큰 실수(O)
- 에이스 샷 / 상대방의 평범한 실수(O)
- 랠리에서 이김

상대방
- 상대방이 랠리에서 이김
- 에이스 샷 / 나의 평범한 실수(O)
- 노터치 에이스 / 나의 큰 실수(O)

나
- 노터치 에이스 / 상대방의 큰 실수(O)
- 에이스 샷 / 상대방의 평범한 실수(O)
- 랠리에서 이김

상대방
- 상대방이 랠리에서 이김
- 에이스 샷 / 나의 평범한 실수(O)
- 노터치 에이스 / 나의 큰 실수(O)

소계 | 점수

이 시트를 복사해서 사용하세요.

■ 게임 분석 시트 기입 예

시합 상대의 자료
게임 분석 시트에서는 선수로서의 경향과 유형 등을 시합의 흐름을 통해 알 수 있다. 주된 용도는 시합의 복기이지만, 상대방의 정보도 기입함으로써 득점 추이 표와 함께 다음 번 시합을 위한 자료로 이용할 수 있다.

○의 유무로 내용을 구분해 기입한다
'노터치 에이스 또는 상대방의 큰 실수'와 같이 한 항목에 두 가지 내용이 있으면 ○의 유무로 구분해서 기입한다. 이 예에서는 4점째와 6점째는 노터치 에이스, 11점째는 상대방의 큰 실수로 인한 득점임을 알 수 있다.

소계를 산출해 상황을 확인한다
각 항목의 수를 세서 소계를 산출한다. 득점 중 '노터치 에이스 또는 상대방의 큰 실수'가 많으면 압도적인 승리임을 알 수 있는 등 각각의 수에 따라 시합의 상황이 어땠는지 확인할 수 있다. 노터치 에이스와 큰 실수를 나눠 산출하는 등 더 자세히 데이터화해도 좋다.

■ 게임 분석 시트   년   월   일   : ~ :

이름 /	(남·여)	시합 결과 / － (－ . － . －)
대회 이름 /		대회장 /
개인전·단체전 ( )회전·8강·준결승·결승		대회 사용 셔틀콕 /
시합 상대 이름 /		상대방 소속 / (년)
상대방의 플레이스타일 / 공격형 리시브형 랠리형 복식형		상대방이 쓰는 손 / 오른손 왼손

득점 추이 표

1게임

나 (앞부분)
- 노터치 에이스 / 상대방의 큰 실수(O): 4, 6, ⑪, 17
- 에이스 샷 / 상대방의 평범한 실수(O): 1, 5, 14
- 랠리에서 이김: 2, 3, 7, 8, 9, 10, 12, 13, 15, 16

상대방 (앞부분)
- 상대방이 랠리에서 이김: 2, 5, 8, 9, 11
- 에이스 샷 / 나의 평범한 실수(O): 1, 3, 6, 10, 12, ⑬
- 노터치 에이스 / 나의 큰 실수(O): 4, ⑦

나 (뒷부분)
- 노터치 에이스 / 상대방의 큰 실(O): 18, 20, 6
- 에이스 샷 / 상대방의 평범한 실수(O): ⑲, 21, 5, 21
- 랠리에서 이김: 10

상대방 (뒷부분)
- 상대방이 랠리에서 이김: 5
- 에이스 샷 / 나의 평범한 실수(O): 14, 15, 16, 9, 16
- 노터치 에이스 / 나의 큰 실수(O): 2

소계 | 점수

2게임

나 (앞부분)
- 노터치 에이스 / 상대방의 큰 실수(O): 6, 8, 11, 12, 14
- 에이스 샷 / 상대방의 평범한 실수(O): 4
- 랠리에서 이김: 1, 2, 3, 5, 7, 9, 10, 13

상대방 (앞부분)
- 상대방이 랠리에서 이김: 1, 4, 5, 9, 13, 14, 15
- 에이스 샷 / 나의 평범한 실수(O): 2, ③, 6, 7, 10, 12
- 노터치 에이스 / 나의 큰 실수(O): 8, ⑪, 16

나 (뒷부분)
- 노터치 에이스 / 상대방의 큰 실수(O): ⑲, ㉓, 24, 4
- 에이스 샷 / 상대방의 평범한 실수(O): 17, 18, 21, 8, 24
- 랠리에서 이김: 15, 16, 20, 22, 12

상대방 (뒷부분)
- 상대방이 랠리에서 이김: 20, 22, 10
- 에이스 샷 / 나의 평범한 실수(O): ㉑, 7
- 노터치 에이스 / 나의 큰 실수(O): 17, 19, 5

소계 | 점수

기록자의 판단으로 내용을 분류한다
좋은 흐름으로 득점했을 경우, 더 높은 항목에 기입하는 것도 활용법의 하나. 가령 '랠리에서 이김' 득점이라고 해도 잘 버텨서 랠리를 우위에서 이끌었다면 상대방에게 충분히 타격을 주었으므로 '에이스 샷'으로 기록한다. 시합을 관전하는 기록자가 그때그때 판단에 따라 기입하면, 엄격하게 기록하는 것보다도 더 실제에 가까운 느낌으로 시합의 흐름을 기록할 수 있다.

득점의 내용으로 흐름을 파악한다
23점째에 '상대방의 큰 실수'로 득점하고 24점째에 '노터치 에이스'로 승리했다. 이 기록을 보면 가령 상대방이 후반의 피로 때문에 큰 실수를 하고, 그 때문에 집중력을 잃어서 노터치 에이스가 가능했다는 식으로 시합의 흐름을 읽을 수 있다.

65 선수 분석 시트를 활용한다

▶ 컨디션을 파악하고 시합을 돌아본다

나와 상대방의 플레이를 분석한다

시합에서는 나 자신의 컨디션 파악이 가장 중요하다. 어떤 컨디션인지 알고 나서 시합의 전개를 생각한다. 동시에 코트의 바람 방향도 플레이와 직결되는 중요한 요소다. 이 사항들을 기록하고 시합의 손맛을 돌아보기 위해 '선수 분석 시트'를 만들었다.(148쪽 참고) 145쪽의 '게임 분석 시트'와 함께 활용하기를 바란다.

'선수 분석 시트'를 사용할 때는 우선 시합 전에 '컨디션' '몸 상태에 관한 메모'를 기입해서 컨디션을 파악하면 좋다. 그 다음의 '에이스 샷 분석' '시합 상대의 유형' '내 플레이에서 좋았던 점' '상대방의 플레이에서 좋았던 점' '승부의 순간과 심경' '수확'란은 시합 후에 돌아보면서 기록한다. 기록자는 선수와 지도자 중 어느 쪽이라도 좋다. 선수가 기록하는 주관적 내용, 지도자가 기록하는 객관적 내용 모두 의미 있는 기록이므로 원하는 대로 활용하자.

또 '에이스 샷 분석' '시합 상대의 유형' 항목은 시합 중 벤치의 코칭에서도 활용 가능하다. 지도자가 시합의 전개를 보면서 기록하고 게임 사이 휴식 시간에 그 내용을 전달하면, 선수는 상대방의 특징과 코트의 바람 방향을 염두에 두고 다음 게임에 임할 수 있다.

■ 기록자에 따른 활용의 특징

선수 자신	지도자
주관적인 내용을 기록할 수 있다	객관적인 내용을 기록할 수 있다
분석 내용을 기입함으로써 생각을 정리할 수 있다	선수의 컨디션 파악에 활용할 수 있다
시합 상대를 분석함으로써 관찰력의 향상을 기대할 수 있다	시합 상대를 시합 중에 분석할 수 있으므로 벤치 코칭에 활용할 수 있다

'컨디션'에서 '시합 상대의 유형'까지를 지도자, '내 플레이에서 좋았던 점' 이하를 선수가 기록하는 등 기록할 부분을 나누는 것도 효과적이다. 다양한 활용법을 생각할 수 있으므로 여러 가지로 응용하는 것도 좋다.

■ 선수 분석 시트

년   월   일   : ~ :

이름 /	(남 · 여)	시합 결과 /	— (- . - . -)
대회 이름 /		대회장 /	
개인전 · 단체전	( )회전 · 8강 · 준결승 · 결승	대회 사용 셔틀콕 /	
시합 상대 이름 /		상대방 소속 /	(년)

◉ 컨디션

	좋다		보통		나쁘다
정신	5	4	3	2	1
기술	5	4	3	2	1
지구력	5	4	3	2	1

◉ 몸 상태에 관한 메모

◉ 에이스 샷 분석 *코트 아랫부분이 내 쪽

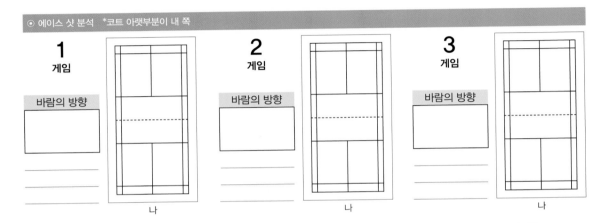

1 게임

바람의 방향

나

2 게임

바람의 방향

나

3 게임

바람의 방향

나

◉ 시합 상대의 유형 *나를 기준으로

	낮음		나		높음
키	1	2	3	4	5
이동 속도	1	2	3	4	5
힘	1	2	3	4	5
지구력	1	2	3	4	5
사용하는 손	오른쪽	왼쪽			
플레이스타일	공격형	리시브형	랠리형	복식형	

특징

◉ 내 플레이에서 좋았던 점

◉ 상대방의 플레이에서 좋았던 점

◉ 승부의 순간과 심경

◉ 수확

■ 선수 분석 시트 기입 예

바람의 방향
바람이 부는 방향을 화살표로 기입한다. 시합 중 선수 분석 시트를 확인할 경우, 바람의 방향을 기입해두면 코트 체인지 때 서는 위치가 바뀌어도 혼란을 겪지 않고 바람에 대처하거나 바람을 이용하기 쉬워진다.

컨디션, 몸 상태에 관한 메모
컨디션을 세 항목으로 나누어 5단계로 체크하고 몸 상태를 메모. 기록 타이밍은 시합 전을 추천한다. 그러나 시합 후 돌아보며 기록해도 좋다.

에이스 샷 분석
코트 아랫부분 절반을 내 쪽으로 해서 나와 상대방의 에이스 샷을 기록한다. 에이스 샷이란 그 게임에서 가장 중요한 유효타다. 빨간색을 나, 파란색을 상대방으로 기입하면 알기 쉽다. 가능한 한 나와 상대방을 모두 기록하는 것이 좋으나, 한 쪽만 기록해도 괜찮다.

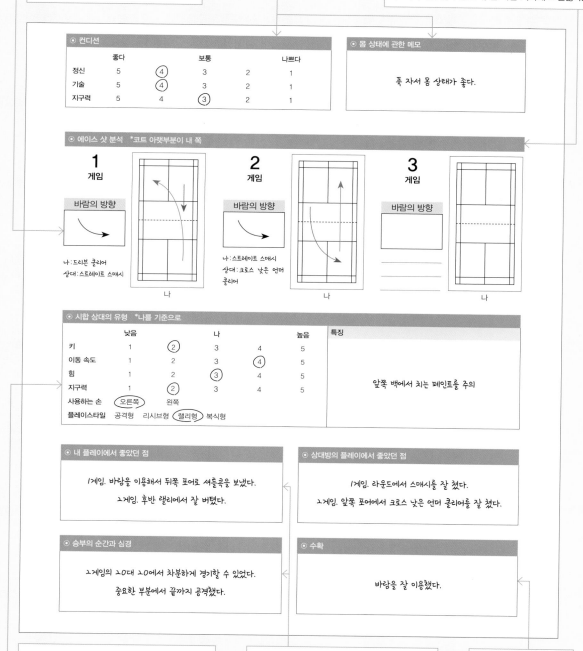

◉ 컨디션

	좋다		보통		나쁘다
정신	5	④	3	2	1
기술	5	④	3	2	1
지구력	5	4	③	2	1

◉ 몸 상태에 관한 메모

푹 자서 몸 상태가 좋다.

◉ 에이스 샷 분석 *코트 아랫부분이 내 쪽

1 게임
바람의 방향
나 : 드리븐 클리어
상대 : 스트레이트 스매시
나

2 게임
바람의 방향
나 : 스트레이트 스매시
상대 : 크로스 낮은 언더 클리어
나

3 게임
바람의 방향
나

◉ 시합 상대의 유형 *나를 기준으로

	낮음		나		높음	특징
키	1	②	3	4	5	
이동 속도	1	2	3	④	5	
힘	1	2	③	4	5	앞쪽 백에서 치는 페인트를 주의
지구력	1	②	3	4	5	
사용하는 손	(오른쪽)	왼쪽				
플레이스타일	공격형	리시브형	(랠리형)	복식형		

◉ 내 플레이에서 좋았던 점

1게임. 바람을 이용해서 뒤쪽 포어로 셔틀콕을 보냈다.
2게임. 후반 랠리에서 잘 버텼다.

◉ 상대방의 플레이에서 좋았던 점

1게임. 라운드에서 스매시를 잘 쳤다.
2게임. 앞쪽 포어에서 크로스 낮은 언더 클리어를 잘 쳤다.

◉ 승부의 순간과 심경

2게임의 20대 20에서 차분하게 경기할 수 있었다.
중요한 부분에서 끝까지 공격했다.

◉ 수확

바람을 잘 이용했다.

시합 상대의 유형
나를 기준으로 상대방의 신체적 특징과 플레이 타일을 판별. 특기사항은 '특징'에 기입한다. 시합 중에 기록하면 상대방을 분석할 수 있다. 시합 후에 기록해도 다음 번 시합에 도움이 된다.

내 플레이에서 좋았던 점, 상대방의 플레이에서 좋았던 점, 승부의 순간과 심경
시합을 돌아보며 기입한다. 구체적인 내용을 기록하면 더 효과적으로 시합을 돌아볼 수 있다.

수확
승리의 원인, 과제, 감상 등 시합에서 얻은 것을 기록하는 자유기입란.

찾아보기

옮긴이 이정미

연세대학교 경제학과를 졸업하였으며, 이화여자대학교 통역번역대학원에서 번역학 석사학위를 취득했다. 현재 번역 에이전시 엔터스코리아 일본어 전문 번역가로 활동하고 있다.
주요 역서로는《주식 데이트레이딩의 신 100법칙》《줄서는 미술관의 SNS 마케팅 비법》《사운드 파워》《패권의 법칙》《하버드 스탠퍼드 생각수업》등이 있다.

배드민턴 전술 교과서
단식과 복식의 전술, 상대 유형별 공략법, 기선을 제압하는 심리 기술

1판 1쇄 펴낸 날 2022년 4월 25일
1판 2쇄 펴낸 날 2023년 10월 10일

지은이 후지모토 호세마리
감수 김기석
옮긴이 이정미

펴낸이 박윤태
펴낸곳 보누스
등록 2001년 8월 17일 제313-2002-179호
주소 서울시 마포구 동교로12안길 31 보누스 4층
전화 02-333-3114
팩스 02-3143-3254
이메일 bonus@bonusbook.co.kr

ISBN 978-89-6494-546-9 13690

• 책값은 뒤표지에 있습니다.

TI 수영 교과서

테리 래플린 지음 | 폴 안 감수

다트 교과서

이다원 지음

당구 3쿠션 300 돌파 교과서

안드레 에플러 지음 | 김홍균 감수

배드민턴 전술 교과서

후지모토 호세마리 지음 | 김기석 감수

서핑 교과서

이승대 지음

야구 교과서

잭 햄플 지음

야구 룰 교과서

댄 포모사, 폴 햄버거 지음

체스 교과서

가리 카스파로프 지음

큐브

제리 슬로컴 외 지음

클라이밍 교과서

김자하, 이성재 감수

테니스 전술 교과서

호리우치 쇼이치 지음 | 정진화 감수

트레일 러닝 교과서

오쿠노미야 슌스케 지음